JN103565

音楽ライターになろう！

妹尾みえ
Senoh Mie

青弓社

音楽ライターになろう！

目次

装画——大原沙弥香
装丁——Malpu Design［清水良洋］

はじめに

音楽雑誌が次々と休刊になり、サブスク（サブスクリプション）サービスが登場したことでライナーノーツは消え、かつての音楽ライターの仕事の現場は確実に少なくなっています。雑誌からウェブメディアに移行しているともいえますが、いずれにしても音楽ライター業だけで食べていくのはたやすくありません。

「稼ぎ方が知りたい」という人に、本書は役に立たないでしょう。また、すでにブログやＺＩＮＥで自分の文章を発信して歩みだしている人にも得るところは少ないかもしれません。むしろ、まだスタートラインに立っていない人、立ってはみたものの雲をつかむような思いでいる人にこそ読んでほしいと思いながら書きました。本書がそんな「書きたいことはあるけれど」と迷っている人の背中を押す機会になればうれしいです。

私が音楽ライターになったころは、音楽情報を発信するメディアは雑誌が中心でした。いまは情報だけならＳＮＳで十分だという人もいるでしょう。でもだからこそ、じっくり音楽を聴き、取材し、自分の言葉で語るという音楽ライターならではの仕事をしたいと思っています。

まず大前提は、音楽を誰かに紹介したいという情熱があること。そのうえで音楽のよさを自分の語彙と経験を振り絞って文章にして伝えること。音楽ライターの仕事は、そこに尽きます。あなたが書いた文章が音楽の輪郭を際立たせ、一人の人生を変えることだってあるんです。

こんなかっこいいバンドがあるよ、こんなライブだったよという情報を伝えるのは大切ですが、音楽ライターの仕事は単にアーティストとリスナーとの間をつなぐだけの音楽紹介業ではありません。

表現するアーティストがあってこその仕事とはいえ、同時に音楽ライターもまた表現者であると、続ければ続けるほど、つくづく思います。

誰にも負けない確かな知識は音楽ライターにとって強みになります。ただ、原稿は知識を自慢したりコレクションを披露したりする自己満足の場ではありません。

じゃあどうすればいいの？　本書ではその点について私なりに考えた音楽ライターとして大切なことをお伝えしたいと思います。

音楽ライターには誰でもなれます。今日からでもなれます。でも息の長い、心に残る文章を書き続ける音楽ライターには誰でもなれるわけではありません。書くことは誰にでもできるからこそ、あなた自身の言葉が求められています。

さぁ、あなたの情熱を言葉にしていきましょう。

第１章　どうして音楽ライターになりたいの？

1　音楽ライターに向いている人

「音楽が好き」ただそれだけ？

数ある音楽関係の仕事のなかから、みなさんが音楽ライターを選ぶ理由はなんですか？

好きなバンドをもっといろいろな人に知ってもらいたいから！　あこがれのアーティストにインタビューしてみたいから！　レコードコレクションを紹介したいから！　あるいは雑誌に掲載されている記事はあのアーティストの魅力を伝えきれていない。だから自分なりの見解を発表したい！と意気込んでいる人もいるでしょう。

目指す理由はいろいろだと思いますが「音楽が好き！」という気持ちはみんな同じのはず。そして音楽ライターを目指すなら、まずはそれで十分です。その熱い気持ちをこれからもずっと忘れないでください。

私の周囲にいる音楽に携わる人たちは、顔を合わせればお互い最近気になるアーティストや手に入れたレコードの話をしています。七十歳を過ぎた先輩たちが「おぉ～久しぶりぃ」という挨拶もそこそこに「この前、すごいの聴いたぞ～」と目を輝かせて話し始めるのを何度目撃したことか。きっと半世紀も同じことをしているんだろうなと考えると、なんだかうらやましい気持ちになります。

もちろん家族や友達の話もするし、おいしかったラーメンの話なんかもするし、たわいもない話で大笑いしたりもする。でもいつの間にか話は音楽に戻っていくんです。

そんなエネルギーを傍らで浴びながら「みんな本当に音楽が好きなんだなぁ」と、いつも人ごとのように感心してしまいます。

脇役の持久力

音楽がなければ生きていけない！——いま、あなたはそんなふうに思いを募らせているかもしれません。十代のころ、私もそうでした。勉強より音楽！ 家族より音楽！ 熱に浮かされるような日々。悲しいかな、あの恋焦がれるようなパワーは年齢を重ねるとともに低下しましたが、もはや長年連れ添ったパートナーのように、音楽はいまも私の人生と並走してくれています。

音楽を仕事に選ぶということは、音楽が公私ともにあなたにとってのパートナーになることです。そして音楽といい関係であり続けるためには、やっぱりそれなりの努力が必要。その努力とは音楽に愛情を注ぎ続けること、そして「聴く力」「書く力」を磨き、現場に足を運び続けるということなのだと思います。

どんな仕事でも続けることで間違いなく力がついていくものです。はやりすたりがある世界で、四十年五十年と第一線で活躍するアーティストは、人知れず努力しているにちがいありません。音楽ライターも同じです。ただ音楽ライターとして書き続けるには、アーティストとはまた別の持久力が必要です。

なかにはテレビやラジオに出演して顔や名前が広く知られている人も少なくありませんが、基本的に音楽ライターは裏方。音楽を作り出すアーティストがいなければ成り立たない仕事です。

自身の豊富な知識を盛り込むだけ盛り込んでリスナーを置き去りにした原稿をたまに見かけることがありますが、原稿はあなたの知識を自慢する場所ではありません。「このライターさんがすごいのはわかるんだけど、知りたいのはそこじゃないんだよなぁ」。リスナーをそんな気持ちにさせてしまったらNGです。

あなた自身の視点は必要ですが、主役はあくまで音楽であり、アーティストです。ライターの基本は、生み出された音楽を言葉にしてリスナーに届けること。これに尽きます。ぜひ音楽の名脇役になってください。

パワーもいります。未来に向かって疾走するクリエイティブの主役の傍らで並走するだけのエナジーを蓄えなければいけません。そのためにも日々、謙虚に「聴く力」と「書く力」を育てていかなければと思うわけです。

とにかく伝えずにはいられない

あなたは伝えることが好きですか？

音楽ライターは原稿を書くのが仕事。その大前提にあるのは、音楽を聴いて、誰かに伝えるという歓びです。

書くことは、あくまで数多くある表現手段の一つにすぎません。

話すのが得意ならポッドキャストや「YouTube」を使ったり（権利の関係で音楽は流せない場合もありますが）、解説付きのDJパーティーを開いてもいい。絵が得意ならアートにしてもいい。食で表現してもいい。演奏するということも感動を伝えるアクションの一つといえるかもしれません。

そのなかで「書く」ことを選んだのが、音楽ライターを目指すみなさんということになります。目に見えない音楽を言葉にする、自分の心のなかにある歓びを言葉にする。それは楽しいけれど、ときに絞り出すような苦しい作業でもあります。感動が大きければ大きいほど、アーティストへのリスペクトを感じれば感じるほど、この言葉でよかったのだろうか、この表現で正解なのだろうかと悩みます。しかもそれが原稿の向こう側にいる読者にどのように届いたかを考えると、いつも不安になります。

それでも私は伝えずにはいられないし、書かずにはいられない。あなたがそう思うなら、まず音楽ライターの資質はありそうです。

すでにブログやSNSで発信を始めている人もいると思いますが、まだ躊躇しているなら、いますぐ書き始めましょう。プロになれるかなれないか、なんて難しいことは始めてから考える。書きたいと思ったときがスタートです。私自身、石橋を叩いてみて壊れかけているとわかっても、えいやっ！と渡ってしまうところがあるせいか、そんなエネルギッシュな人は決して嫌いではありません。

幸い、いまはさまざまな表現の場が用意されています。

ブログでもいい、ＳＮＳでもいい。ＺＩＮＥを作って販売してもいいでしょう。ライブに行ったあと、アルバムを買ったあと、映画を観たあと、感想を書くことから始めましょう。それも続ければあなたの立派な作品になります。ひょっとしたら誰かの目に留まり、活躍のチャンスをつかめるかもしれません。とにかく今日から書き始めましょう。

炎上するかもしれない、変に思われるかもしれないと尻込みする気持ちもわかります。でもおそらく、あなたの伝えたい気持ちはそれを上回っているのではありませんか？　お節介ぐらいでちょうどいいんです。音楽に限らず、メディアに関わろうと考える人は、およそ教えたがりです。面白かったこと、役に立つことを教えたい。それで人の役に立てるなら最高ではありませんか。

仕事の基本は誰かの役に立つこと。ライター業も同じです。

2　始まりは発信することから

知らない誰かに伝えてみよう

目に見えないけれど、一瞬で人を虜にするもの、それが音楽です。そして、そのパワーを言葉に変えるのが音楽ライターの仕事です。

「あぁ、知ってる！　そのバンド、いいよね！」と意気投合する瞬間、楽しいですよね。私もあの瞬間が楽しくてずっと音楽を聴いているような気もします。

「えっ、それってどんなシンガー？」「サブスクで聴けるの？」と誰かが尋ねることもあるでしょう。そんなとき〝教えたがり〟になるあなたは音楽ライターの資質十分！　メディアで発信するということは、つまり見知らぬ人に届けるということだからです。

さてここでちょっと問題です。音楽史上の大スター・ビートルズを知らない人に対して、ビートルズをどうやって説明しますか？　あるいはＢＴＳに興味がない人に、どのようにその魅力を説明しますか？

わかる人にわかればいい、という態度ではプロとはいえません。一人でも多くの人を説得できてこそプロの物書き。聴いてみたいなと感じてもらえるように、また、これから聴いてみたいと思っている人の手助けになるように書くことが音楽ライターの大きな役割です。

ではどうすればいいのでしょうか。私はよく「自分のお父さん、お母さんにもわかるように書いてみて」とアドバイスします。

みなさんの両親がかなりの音楽ファンである場合は別として、世代が異なる人に文化を理解してもらうのはなかなか苦労するものです。親に限らず、例えばアレ、ソレでは話が通じない友達を想定してもいいでしょう。「あの人にも伝わるかな?」、そんなふうに誰かの顔を思い浮かべながら筆を進めてみてください。

私が最初の著書『ハーモニカの本』(斎藤寿孝との共著、春秋社、一九九六年)を出したとき、父に「ミエが何を聴いているのか、やっとわかった」と言われてうれしかったものです。その本はハーモニカという楽器の魅力を広く伝えるのが目的だったので、ロックやブルースの専門書とは違って読みやすかったのもあるでしょう。小学生のころからフォークソングやロックに興味をもち、やがてブルースだ、黒人音楽だと熱を上げ始めた私に対し、父が困惑していたことは想像にかたくありません。寝ても覚めても音楽のことばかりで、案の定、学校の成績は急降下。教育熱心な父にレコードを割られたこともありました。娘の好きなことを理解しようにもちんぷんかんぷんで、取っかかりも見つからなかったのでしょう。

話が少しそれましたが、そのように全く畑違いの人にも伝わる原稿が書けたなら、こんなにうれしいことはありません。畑違いとまではいかなくても、「記事を読んで、○○のCDを買ってみようと思いました」「あのときの紹介記事がきっかけで、お客さんが来てくれましたよ」と声をかけられると、あぁライターでよかったなと思えます。幅広い読者層が手にする一般誌でも活躍しようと考えるなら、「その分野に詳しくない人にも伝わるように書く」という姿勢はぜひ意識しておきましょう。不特定多数に訴えるということであれば、SNSも同じかもしれません。

いずれにしても、好きな曲を聴いているとき、ライブを観ているときに、どこが好きなのかな、このよさを言葉に置き換えるなら何がふさわしいかなと考えるクセをつけてみてください。かっこいい！、かわいい！、すばらしい！以外の言葉で表現するとしたら、どんな言葉があるでしょうか。作品によっては「かっこいい！」のひと言だけでガツンと伝わるときもありますが、形容詞に頼らずに表現する方法を考えてみるのは練習になります。そんな積み重ねが、ライターとしてのスキルをおのずと高めていくことになるでしょう。

反響は少なくても

有名な作家ならまだしも、雑誌やウェブメディアのライターとなるとそうそう反響を受け取れるわけではありません。誰か読んでいるのだろうかと不安になることもしばしばです。でもめげないでください。直接顔を見ることはないかもしれませんが、あなたが書いた文章によって誰かが心を動かされる音楽に出合い、それがその人の生活に潤いをもたらすかもしれません。あなたが大切だと思っている音楽が、誰かの大切な音楽になるわけです。

数年前、SNSでおすすめの一曲の紹介を毎日続けたことがありました。最初のうちこそ今日はこの曲、明日はあの曲と難なく浮かぶのですが、いくら好きでも、冬に寒い寒いと言いながら真夏の曲を選ぶのもなんとなく居心地が悪いし、それではその日が誕生日のアーティストの曲にしようか、ニュース性がある曲にしようかと、なかなかに頭を悩ませました。朝目が覚めると、まず今日はどの曲にしようかと考えるほどでしたが、このように意識して書くことを自分に課すのも勉強になるかもしれません。「Twitter」なら百四十文字ですから、端的に紹介する練習にもなります。そうやって毎日発信を続けることで、おのずと自身がメディアになれます。

どんなにライターになりたいと願っていても、どんなに知識に自信があっても、手を挙げなければ誰も気づいてくれません。いまは自分自身でメディアがもてる時代。大げさなことではなくていいので、コツコツ続けてみましょう。

サブスクにライナーノーツを

書くことは自分の知識を整理し、新たな視点を発見することにもつながります。

いまは「Spotify」をはじめとするサブスクや「YouTube」という便利なサービスがあり、その気になれば世界中の音楽を聴くことができます。

利用する側からみてこうしたサービスに一つ欠点があるとすれば、いわゆるライナーノーツのような解説がないことです。聴き流しているだけでも多くの情報は得られますが、気になる曲があればお気に入りに登録し、そのつど、録音年代やメンバー、作詞・作曲者などを調べて積極的に知識を増やしていきましょう。そんなこと当たり前だと呆れる人もいるかもしれません。でもこれが案外できないし、できないから自分のなかで情報が深まらないようにも思われます（自戒の意味を込めて）。

プレイリストを作るのもいいですね。サブスクを楽しむだけのユーザーから脱して、どうしたらみんなにもっとサブスクを活用してもらえるかと視点を変えて考えてみましょう。

一九六〇年代から七〇年代に多感な時期を過ごした人のなかには、ラジオのヒットチャート番組をノートにつけていた人が少なくありません。当時は海外の音楽情報にふれるといえば、まずラジオ、そして『全米トップ40』（ラジオ関東、一九七二―八六年）のようなチャート番組だったんですね。それをチェックしてはレコードを買いにいっていたそうです。いまはそんなことをする必要もないと思いますが、こうしたアナログな作業にはもう一つのよさがあります。それは、点ではなく面で音楽シーンを見ることができるということです。

例えば書き出したチャートを俯瞰することによって、いま音楽シーンがどういう傾向にあるのかという流れが見えてきます。また、チャートの上位ばかりに目が奪われがちですが、大ヒットに至らなかった三十位以下に着目することで気づくこともあるかもしれません。なぜ売れたかを考えるのと同じくらい、ヒットにつながらなかった理由を考えるのも興味深いものです。そうした思考を鍛えることも、いつか必ずあなたの実力になりますし、読者に新たな視点を提供することにつながるでしょう。

データの正確さは大切ですが、くれぐれもデータを紹介するだけのライターにならないように。その作品（曲）を聴く人の暮らしがより豊かに広がるような原稿を書いてほしいと思います。

好き嫌いをはっきりと

仕事となれば締め切りもあるし、もしかしたらそれほど得意ではない作品のレビューを頼まれることもあるかもしれません。それでも一つひとつ丁寧に対応していかなければならないのが、プロのライターになるということです。

ときに、好き嫌いをはっきり表明しなければならないこともあるでしょう。ピーター・バラカンさんは自身を「評論家」でも「ジャーナリスト」でもなく「音楽愛好家」と名乗り、好きな音楽をみんなに伝えるプロという立場を貫いています。そのうえで好きなものは好き、嫌いなものは嫌いと明言することで支持されてきた方でもあります。以前BABYMETALに対して「Twitter」上で「全く評価できません」「まがい物によって日本が評価されるなら本当に世も末だと思います」と発言し、賛否両論を巻き起こしたこともありました。BABYMETALファンは怒り心頭だと思いますが、バラカンさんの正直な意見に対する冷静なコメントも多々見受けられました。

評価できないならできないなりに、どこがどんなふうに足りないと感じるのか、納得がいく説明をする責任があります。そういうときに私は前向きな言葉をひと言ふた言加えたい、可能性をどこかに見いだしたいという思いで原稿を書いています。

反論されたらどうしよう、ヘンに思われたらどうしようと叩かれるときのことを想像すると、自分の意見をはっきり言うのは怖いかもしれません。しかし、姿勢を表明することではじめて、「あの人の文章なら読んでみよう」という信頼を得ることにもつながり、ライターとしての強さを身に付けることができます。

そもそも完成度が低い作品を褒めそやすのはお互いのためになりませんし、冷たい言い方に聞こえるかもしれませんが音楽もまた商品です。ライターには大切なお金を払うお客さん（リスナー）を助ける役目もあるのですから、手抜きはできません。

振り返ってみれば、駆け出しのころは辛辣なことを書くほうが正直でいい、ネガティブな側面を指摘するのも評論だと考えていました。実際、コンサートや作品を批判したことで関係者から電話をもらって叱られたこともありました。いずれもいま思えば突っ張っていただけで、論拠も薄っぺらだったと思います。何より、音楽シーンに対する建設的な意見ではありませんでした。若気の至り、といえばそれまでですが、発言することの影響力を意識すべきだったといまでも反省しています。

一方で、若いころはちょっと背伸びしてもいいとも思います。何ものにも忖度せず、自分の気持ちをストレートに文章に表してみる。プロになる前だからこその自由があります。

3　ファンやコレクターとどう違う？

ファンならファンクラブがいちばん!?

おそらくあなたには、推しのバンドやアーティストがいるのではないでしょうか。

大好きなアーティストのことをもっと多くの人に知ってもらいたい。その情熱は間違いなくライターとしての大きな原動力になります。その人のことなら誰にも負けない知識を蓄え、誰よりも好き！と声を上げましょう。それがライターへの第一歩です。

ただし、誰それが大好き！だけでは仕事としてちょっと危ういところがあります。人気があるとすれば、それだけ語ってみたいというライバルも多いわけで、何か自分らしい売りを見つけないと埋もれてしまいます。

また、特定の人が好き！という気持ちだけでは、恋愛と一緒で相手の欠点が見えたら途端にいやになってしまうなんてことにもなりかねません。ましてビジネスがからんだら、生々しい現実を直視せざるをえないときもあるでしょう。

以前、とある大手芸能プロダクションの採用担当者がこんな話をしていました。

「貴社に所属する◯◯さんが大好きなので！と特定の誰かのファンであることをことさらに強調する人は現場のスタッフとしては採らないですね」と。熱意があることは大前提ですが、それよりも自分が何を伝えたいのか、チームの一員としてどのように働きたいのかが大事だということでした。

確かに仕事ともなると推しのアーティストだけを担当するわけにはいきません。マネージャーと音楽ライターの立場は少し違いますが、一人か二人の好きなアーティストのことだけを書いて食べていけるほど甘くないのは確かでしょう。

締め切りに追われたり、書きたくない原稿を書くぐらいなら、純粋にファンでいたほうが楽しいんじゃないの？　そう考えると、推しを応援するだけなら、自分でブログを通じて発信するとか、ファンクラブのような組織を立ち上げて好きなアーティストの応援に邁進するほうがシアワセかもしれません。

ローリング・ストーンズ関連の書籍や記事の執筆を続ける池田祐司さんは、漁業関係の会社経営に携わりながら、半世紀以上にわたって日本ローリング・ストーンズ・ファンクラブの会長を務めてきました。メンバーとも交流がある池田さんは働きながらずっと応援を続けてきたのだとか。ここまで徹底すれば愛情も本物。その持久力には頭が下がります。

あなたはそこまでしてでもプロフェッショナルな音楽ライターを目指すのか、それとも「推し活」を選ぶのか、そこは見極めどころです。

アーティストの力になれるかも

デジタル技術の発達によって、アーティストはインディペンデントな活動がしやすくなりました。大きなレコード会社に所属しなくても作品を発表し、SNSで宣伝活動ができます。やらなければならない仕事は増えましたが、逆にチャンスをつかむ自由を獲得したともいえるでしょう。実際、SNSや自らの動画投稿からブレイクしたアーティストの話をよく耳にするはずです。

それではもうメディアはお役御免なのかといえば、そうでもありません。メディアはいまでも大きな可能性を秘めています。いわゆる新聞・雑誌・テレビだけでなく、SNSやウェブマガジンも立派なメディア。あなたの文章がきっかけで魅力に気づき、聴いてみようとする人も増えるかもしれません。

また、いくらアーティスト自身が広報手段を手にしたといっても、本来スタッフがする仕事まで引き受けるのはたやすいことではありません。実際、SNS疲れやSNSでの拡散の行き詰まりを感じるアーティストも少なくないようです。

昔からアマチュアの貸し切りライブは盛況だと耳にします。チケットを友達に買ってもらって満席になれば、出演者もうれしいし店側も潤う。誰でもそこがスタートであることにはちがいないのですが、ライブの数が増えてくれば、毎回友達に声をかけるのも難しくなっていくでしょう。趣味と割り切ってたまにステージに立つ人以外は、そこからが本当の勝負。見ず知らずの人にどうやってチケットを買ってもらうのか。作品を手に取ってもらうのか。そのお手伝いをできる、いや大げさでなく世の中の人の流れを変えてしまうかもしれないのが私たちライターなのです。

「記事を読んでCDを買ってみました」「妹尾さんの告知でライブに行ってみようと思いました」と言ってもらうと、ライターも役に立っているのかなとうれしくなります。

コレクターとライターは違う

ところで音楽ライターを目指すみなさんは、多かれ少なかれ何かをコレクションしているのではないでしょうか。特にレコードやCDをコツコツ集めている方は多いでしょう。

でもレコードコレクターすなわち音楽ライターではありません。乱暴な言い方になりますが、モノに執着して何かを集め続けるのがコレクター。個人的な探究心と欲求が先に立つため、部屋にレコードを飾って一人で悦に入るだけでも成立します。

一方、音楽ライターはどうでしょうか。いくらすばらしいコレクションを持っていても、それを世の中に発信しなければ宝の持ち腐れ。原稿を書くためには、コレクションを整理して情報に変える必要があります。つまり音楽への情熱に加え、ジャーナリスティックな姿勢も必要になります。別の言い方をすれば、多くの人に伝えようとする気持ちをもてるかどうかです。

音楽をたくさん聴くほうがいいことは間違いありません。でもコレクションの数がライターの優劣を決めるわけでもありません。これもまた極論ではありますが、手持ちのCDが両手の指で数えるほどしかなくて、気に入った一枚を繰り返し繰り返し聴いている人にも原稿は書けます。もしかすると、その作品については誰にもまねできない視点で人々をうならせるかもしれません。だからスタートの時点で、たとえほかの人と比較してコレクションが少なくても「私はまだそんなに持っていないから」と卑下する必要はありません。

なにしろコレクションにはお金も時間もかかります。数の競争に巻き込まれず、自分が聴いている音楽を大切にしましょう。あなたが三億円を自由にできるなら三千円のレコードをいますぐ十万枚コレクションすることも夢ではありませんが、それは所有欲を満たすだけのことにならないでしょうか。ムダとは言いませんが、音楽を楽しむこととはちょっと違うような気がします。モノの数ではなく、豊かな音楽経験を増やしていきましょう。

4　プロとしての「聴く力」と「感受性」

音楽が聞こえた!?　聴く力を磨こう

そうは言っても、胸を張って音楽ライターを名乗るなら、何はなくともたくさん聴くこと！ 短い原稿なら聴き込まなくても資料を見れば書けるだろうと思いますか？ ウェブを検索すればどうにかなるだろうと考えていませんか？ 所定の文字数は埋められるかもしれませんが、それではやっぱり響く文章にはならないでしょう。料理をほとんど食べずにウンチクを語るグルメライターがいたら、がっかりしますよね。同じように音楽を聴かずに語る音楽ライターに説得力はありません。「ジャケットを見るだけで原稿が書けるよ」と冗談交じりに言ったのは、膨大なコレクションを持つある先輩ライターです。暴言に聞こえるかもしれませんが、それくらい多くの音楽を聴き込んできた彼だからこそ言えるセリフです。それがわかっているから周りの人も「またそんな冗談を」と一緒に笑えるのです。

ところで、運動でも楽器でもかまいませんが、あなたは何かの拍子に「おや、つかめたぞ」と感じた経験はありませんか？ 私は音楽を聴くことで同じ感覚を覚えたことがあります。

三十代のころ、朝一番にスティーヴィー・ワンダーの『キー・オブ・ライフ』を聴き続けていた時期がありました。一九七六年十月から十四週間連続でビルボードのアルバムチャートで第一位、グラミー賞の最優秀アルバム賞も獲得した大ヒット作です。世界平和と愛をテーマとする一曲目の「Love's in Need of Love Today（ある愛の伝説）」の歌い出しの「Good morn or evening, friends」という呼びかけを耳にすると、今日もいい一日になると思ったものです。

繰り返し繰り返し同じ曲から朝を始めて、あれは一カ月もたったころでしょうか。ある日「あっ、聞こえる！」とハッとさせられたことがありました。一つひとつの楽器がクリアに立ち上がってくるような浮遊感。神経が一気に研ぎ澄まされた感覚に驚いたものです。オーディオを変えたわけではありません。いつもと変わらない朝の風景が輝きを増して見えました。

自分自身を見直したいと悩んでいた時期でもあり、感受性が多少過敏になっていたことも手伝ったのかもしれません。いずれにせよ、繰り返し同じ曲に耳を傾けることで、身体と神経とが同期する瞬間が訪れたのではないかと思っています。

あなたが思っている以上に、「聴く力」にはまだまだ未知の領域があるのかもしれません。そして、音楽そのものにもまた未知の魅力が隠れているはずです。

聴くトレーニングをしよう

聴く力は磨けば光るものです。

音の一つひとつを大切に聴く姿勢は、いつどんなときもあなたの仕事を助けることになります。意識して耳のトレーニングを続けて神経を研ぎ澄ましてください。それは、一つひとつの楽器を奏でるプレーヤーを尊重することにもなるでしょう。

例えば、いつもボーカルを中心に聴いている曲をその日はギターを意識して聴いてみる。あるいは、ベースやドラムスのようなフロントに立つことが少ないリズムパートに注目してみるのも面白いかもしれません。

次にプロデューサー、アレンジャー、作曲家をキーワードに聴き比べてみましょう。例えばウォール・オブ・サウンドを生んだフィル・スペクター、J—POPなら洋楽のエッセンスを盛り込んだ作曲家の筒美京平さんあたりの名前は耳にしたことがあるでしょうか。ゲームミュージックが好きなら、「ファイナル・ファンタジー」シリーズの作曲を手がける植松伸夫さんの名前が浮かぶ人もいるでしょう。エイベックスといえば一九九〇年代のダンスミュージックを連想するように、レーベル別、スタジオ別という聴き方もあります。こうして主役以外に注目することで、一つの楽曲を立体的に捉えることができるようになるはずです。

また、二〇二二年前半に「Twitter」でこんなトピックが話題になったことを覚えている人もいるかもしれません。それは「最近の若い人はギターソロを聴かない」というものです。発端は「今年のグラミー賞のロックカテゴリーにノミネートされた曲のほとんどにギターソロがない」という、「ニューヨーク・タイムズ」紙の記事。それを音楽評論家の能地祐子さんが取り上げて「もう、音楽の作り方も大きく変わってきているんだね」とツイートしました。これを受けてミュージシャンの高野寛さんが「サブスクで、ギターソロが始まるとスキップする若者多いみたいですね」とひと言。〝若くない〟世代を中心に、意見が飛び交いました。スキップされることを前提に音楽が作られるようになってきたという話もあって、私自身も衝撃を受けましたが、あなたはどうでしょう。ギターソロと楽曲との関係についてあなたなりの言葉で表現するとどうなりますか？

あなたが耳にした世界を伝えよう

あれは散歩の途中でした。「鳥が鳴いてるね。なんていう鳥だろう」と木を見上げると「そう？」と友人。妹尾さん、耳がいいからとお世辞を言ってもらいましたが、べつに私が特別なわけではなく、身の回りの音に対する感受性は人それぞれのようです。「きれいな夕焼けだね～」と旅先で感嘆の声を上げたところ、「え、そう？」とつれない返事をされたことも。みんなが感じていると思っていたことが実はそうではないと気づいた体験でした。

同様に「よく楽器の音が聴き分けられるね」と驚かれたこともあります。音楽が好きな人同士なら「あの曲のベースはいいよね」「さっきのバッキングギターは最高だったね」といった会話をごく当たり前にしませんか？　ボーカル、ギター、ドラム、ベース、キーボード、それぞれがどんな演奏をしているかを自然に聴き分けて楽しんでいるのではないでしょうか。

しかし、それは決してすべての人が持ち合わせた能力ではないようです。「ピアノって誰が弾いても同じだよね」と言われてびっくりしたことがあります。確かにピアノは誰が弾いてもドの鍵盤をたたけば同じようにドの音が鳴る楽器です。でも、ピアノ教室で初心者向きだといわれる曲でさえ誰が弾いても同じではありません。テクニックやキャリアの差もありますが、微妙なタッチや表現の仕方は人によって違うはずです。

俗にブルースハープ、10ホールズと呼ばれる十穴のハーモニカをご存じでしょうか。主にロック、ブルース、フォークソングで使われる、両手にすっぽり収まる楽器です。この小さな楽器を操るプレーヤー二人がホストになり毎回ゲストを招いて共演する「はもにかＤＯＪＯ」というライブシリーズがあり、凄腕による丁々発止を私も楽しみにしているのですが、なかでも必ず演奏されるテーマ曲が面白い！　なにしろ同じメロディーを吹いても音色もリズムの間合いもプレーヤーによって全く違うんです。ハーモニカのような息を吹き込む楽器は特に、プレーヤーの個性が音に直結する気がします。それだけに己を吹き込まないと、いくらテクニックがあっても響かない演奏になってしまいます。そんな十個の穴しかない楽器に大人たちが夢中になり、自分らしい世界をクリエイトしようと奮闘する姿に魅せられ、私はかつて『ハーモニカの本』という本を書きました。

楽器の音色を聴き分けられると音楽も楽しくなるし、奏でるその人にもどんどん興味が湧いてきます。私が好んで聴いているブルースのようなジャンルではよくあることですが、半世紀以上前の録音の場合、データが不完全だったり、参加したアーティストが不明のものも少なくありません。なかにはメインで歌っているアーティストが「Unknown」と記されているようなものも。そこで「あのギタリストは誰それじゃないだろうか」「表記（ディスコグラフィー）ではギターはAさんになっているが、実はBさんではないか」と録音を聴いたライターが疑問を投げかけることもあります。それができるのは、歴史を踏まえたうえできちんと細部まで耳を傾けているから。信じられるだけの耳を育ててきたからだといえます。

「ググれば見つかるだろう」と思うかもしれませんが、インターネット上にない情報は山ほどあります。それにググった情報が正しいかどうかはわかりません。データを疑え！とまでは言いませんが、基本になるのはやはりあなた自身の聴く力なのです。

ライターの感受性

できれば、ながら聴きではなく音楽とだけ向き合い、音楽そのものにぐっと入り込める時間を作りましょう。

心動かされるからこそ人は伝えたくなるわけで、感受性が鈍っていてはライターとして成功しません。感受性なんてどうやって育てるの？と首を傾げるかもしれませんが、自然を眺めることでも、おいしい食事を楽しむことでも、あるいは恋愛でもいい。理屈抜きに心が動くピュアな瞬間を重ねていくことが、結果的に感受性を豊かにするのだと私は思います。

いまはいろいろなことがネット上で疑似体験できてしまう時代です。音楽もまた、出合う前からジャンルや過多な情報でフィルターをかけている傾向にあるような気がします。だからこそ意識してオープンマインドで音楽と向き合う時間を作ってほしいなと思います。それが耳を鍛えることにも通じるはずです。

読者のみなさんはおそらくデジタルネイティブの人が多いのではないでしょうか。デジタルミュージック系のライターを目指す人もいると思いますが、頑なにアナログ体験をシャットアウトする必要もありません。ボーカロイドの曲を人間が歌っているのを聴いて、気持ちが悪いと感じる人が少なからずいるようですが、それも人間の声で歌ったバージョンを聴いたから判断できること。マイクを通さない人の声のすばらしさを体験してみたり、あるいはレコードとCDでアナログとデジタル録音を聴き比べてみたりと、さまざまな音にふれる機会を積極的に作ってみませんか？

余談ですが、日本語のほかに二カ国語を話すことができるあるトリリンガルの男性は、家のなかに置かれたいくつものスピーカーからさまざまな言語が聞こえるような環境で育ったのだとか。幼いころから無意識に聴き続けることで誰もが外国語を習得できるのかどうかはわかりませんが、少なくとも耳を慣らすことはできそうです。私たちのなかには、まだまだ眠っている力があるのだと感じるエピソードです。

在宅でできるからライターに!?

二〇二一年にPLAN-Bが運営するメディア「エラベル」が全国の男女千二百三十一人を対象に「大人のなりたい職業」に関するアンケートを実施したところ、第一位が「ライター」だったと知ってびっくりしました。ただ「書くのが好きだから」のほかに「在宅で仕事ができるから」という理由も挙がっていたので、新型コロナウイルス感染症拡大の影響で在宅でできるウェブライターという仕事に注目が集まった結果ともいえるでしょう。

在宅勤務ができることを理由に音楽ライターになろうという人がいるとは思えませんが、家に豊富な資料とリスニング環境があれば、まあまあ不可能ではありません。というより、たまにレビューを書くくらいなら百パーセント問題ないでしょう。でも好きな音楽を聴いて、好きなことを書ければラッキー！と軽く考えているとすれば、ちょっと残念。プロとして長くやっていくことはできないように思います。

第２章「音楽ライターの仕事って？」でもふれますが、仕事にするには続けるための工夫が大切。そのためには原稿を書くだけでなく、インタビューしたり、コンサートや番組の企画に協力したり、さまざまな仕事をすることが必要になります。

なにしろ原稿料だけで食べていくのは至難の業。最近の言葉でいうところのコスパ（コストパフォーマンス）がいい仕事では決してないからです。

5　生活できる？

音楽ライターの懐事情

ここからは少し現実的な話をしましょう。

「フリーランス白書2022」（プロフェッショナル＆パラレルキャリア・フリーランス協会、二〇二二年）によれば、月間平均就業時間は百四十時間以上二百時間未満が半数を、年収では二百万円から四百万円未満が三割を占めます。二百時間というと、一日八時間で月二十五日間働く計算です。近所のスーパーマーケットで時給千円のアルバイト募集を横目で見ながらため息が出るときもあります。なにしろ「百円ライター」と揶揄されるくらい、ライターの仕事は原稿料が上がらないのです。

雑誌のレビューは文字数にもよりますが一本二千五百円から四千円、インタビューや特集記事はページ数によってプラスαになります。ライナーノーツは二千字前後で一万円から二万円が最近の相場と考えてください。十本書けば二十万円か、と考えるかもしれませんが、継続してそんな依頼があるケースのほうが少ないと思います。複数のメディアにレギュラーをもち、さらにアルバムのライナーノーツや番組・コンサートなどの企画に関わってようやくなんとか生活できるという感じではないでしょうか。

音楽書棚の一部
原稿を書くときには書籍や雑誌のバックナンバーも役立ちます

そのうえ、レコードやＣＤを買ったりライブに行ったりするためには少なからずお金が必要です。自営業者は確定申告で経費にできるからいいよねとうらやましがる声もありますが、最初は自分のお財布から出ていくことに変わりはありません。

私は「ブルース＆ソウル・レコーズ」誌（スペースシャワーネットワーク―トゥーヴァージンズ）で国内アーティストの作品を八枚前後紹介する二ページの連載を受け持っていますが、毎回自ら選盤するため、取り上げるかどうかを購入してから決めることも少なくありません。インディーズのアーティストであれば購入して応援したいという気持ちもあります。でも購入するのが一枚だろうと十枚だろうと、二ページ分の原稿料は同じです。一冊のディスクガイドを書いたあとで振り返ると、原稿料よりも資料代のほうが高かったとこぼすライターも少なくありません。

サンプル盤や音資料をもらえる恩恵にあずかることもありますが、それはこの仕事の一部でしかありません。また、原稿を仕上げるまでの時間も想像以上にかかってしまうことが少なくありません。私の要領が悪いことを差し引いても、何度か聴いて関連する資料を探したりしていたら、あっという間に時間はたってしまうでしょう。

時給に換算できないのがライターの仕事なのです。

アクセス数を稼ぐということ

ウェブメディアも原稿料は似たり寄ったりです。私がウェブの仕事を始めた二十年ほど前は、印刷メディアよりも安いのが当たり前という風潮がありました。でも決して編集者が出し渋っているわけではなく、特に広告収入だけに頼るメディアの場合、運営は厳しくなりがちなのです。ただ、これは今後新たなビジネスモデルが生まれれば改善されるかもしれません。

どんなメディアでも、とにかく一人でも多くの人に音楽の魅力が伝わればという思いで書いている点では同じなのですが、ウェブの場合、アクセス数を増やすための思わぬ労力が求められることもあります。

極端な例ですが、次のうちどちらのタイトルのほうがクリック数が伸びるでしょうか。


「実験的でカオスなXYユニット 三年ぶりの新作」

「XYユニット新作発表。人気シンガーAさん親の死との深い関係」


おそらく後者です。このように思わせぶりなタイトルで、なりふりかまわずアクセス数を上げようとするウェブメディアもあります。一部のYouTuberのやり方に似ているかもしれませんね。

とあるウェブメディア（音楽関係ではありません）でレギュラー枠をもっていたときの報酬は固定ギャラ＋インセンティブでした。計算式はいろいろあるようですが、つまりアクセス数が伸びればギャランティーも増えるというわけです。刺さるタイトル、引きが強い写真などでとにかくクリックさせ、アクセス数が多い記事を作ることが求められました。

それで苦い思いをしたこともあります。ある日ニュースを見ていると、数カ月前に取材した店の名前がとある事件の現場として報じられていました。センセーショナルな事件だったため日本中で一斉に店舗名が検索されたのでしょう。過去に書いた私の記事もアクセス数が爆上がり。その月は収入も増えましたが、やりきれない気持ちになりましたし、いわれのない中傷も経験しました。何より、アクセス数さえ増えればいいというやり方はライターの良心に反するという抵抗があります。

音楽メディアはおおむね良心的だと思いますが、これだけはやらないようにしようという線引きは決めておいてもいいかもしれません。

専業にならないという選択

音楽ライターに限らず、いまは全般的に原稿料のアップが期待できない時代です。

そのように考えると、これからの音楽ライターはほかに仕事をもってやっていくという選択もありだと思うのです。ライターを副業と考えるか、サラリーマン生活を仮の姿とするのか、それはあなた次第。ただ、マニアックなジャンルに固執するのであれば、そのジャンルで一番にならないと厳しいように思います。

自由になるお金を得て、レコードを買ったり、ライブに行ったり、遠征したりと投資する期間をもつことも考えてみてください。私の周囲にも会社に勤めながら原稿を書いている人はたくさんいます。そういう私も編集界隈とはいえ、長らく音楽以外の仕事もしてきました。

ライター以外でも、バンド活動がしたいので定時で上がれる公務員になったという人や、ある程度サラリーマンを続けたあとに独立してミュージックバーを始める人もいます。このように仕事をしながら音楽活動を続ける人たちは、世界中にいるでしょう。

日本を代表するジャンプブルース系ビッグバンド、ザ・スウィンギン・バッパーズのリーダーとして、また音楽ライターとしても幅広い世代に支持されているギタリスト吾妻光良さんは、会社員をしながらライブ活動を続け、リタイア後にあえて「プロ入り宣言」をしました。「前から人気者だったじゃないか」と思った人も少なくなかったようですが、音楽だけでやっていくという区切りをつけたのでしょう。かっこいいなと思いました。バッパーズは卒業前の最後の思い出にと、大学時代の友人たちが集まって一九七九年に誕生したバンドです。「俺たちの時代は、卒業したら仕事と並行してバンドをやれるなんて思っていなかった」そうで、そのころから考えれば働き方もだいぶ柔軟になってきたのかもしれませんね。

どんな仕事に就いていようと、みんな「いつも心に音楽を」の気持ちは変わらないはず。その気持ちがあれば、遠回りしているようでいて、いつしか音楽ライターへの道も開けるはずです。疲れ果てて音楽を聴く気も起きない日が続くようではちょっと困りますが、辞めるかどうかはそのとき決めればいい。

昼間は会社員やアルバイトとして働き、できるだけの給料を音楽に注ぎ込み、休みの日に原稿を書く。音楽ライターとして、そんなスタイルを選んでもいいと思います。逆にほかに仕事をしていても、疲れていても紹介したい音楽があるとすれば、情熱もホンモノだといえるでしょう。

もちろん、最初から好きなことを仕事にする楽しさも私は否定しません。音楽関係の仕事に就いて経験を積むことができるなら、それは大きな糧になります。

私はお客としてライブに行くことも好きですが、裏方の立場から楽しそうなお客さんの顔を見ることも大好きです。ライブに限らず、さまざまなプロフェッショナルと一緒にエンターテインメント作品を作り上げた経験は、音楽ライターとしての視野を必ず広げてくれるでしょう。

さまざまな分野のプロフェッショナルと対峙することで、よりどっぷりエンターテインメントの世界に関わり、ファンの立場ではかなわない経験もできます。作り上げる過程では大変な思いもするでしょうが、完成したときの歓びは何ものにも代えがたいものです。

私はライブに行くと、ステージはもちろん客席も見ます。お客さんが楽しそうにしている顔を見るのが、幸せを共有しているようで好きなのです。そしてそうした幸せが満ち満ちているライブという場にスタッフとして少しでも関われたとき、音楽の仕事っていいなぁといつも思います。

6　音楽ライターの使命

一億総レビュアーの社会で

作品を評価するのも、アーティストとリスナーを橋渡しする音楽ライターの仕事です。

例えば次のようなレビューをどう思いますか？

「六月一日に○○の二年ぶりの新作がリリースされました。ゲストプレーヤーは××で、エネルギッシュなボーカルが感情をかきたててくれます」

まとまってはいるものの、これではレコード会社が配布するリリース情報とほとんど変わりません。誰が書いても同じでしょう。アーティストも怒りはしないでしょうが、一方で「本当に聴いてくれたのかな」と手応えを感じないと思います。ライターの視点が反映されていなければ読み応えがあるレビューにはならないのです。

実はいまほど世の中に評価があふれる時代もありません。ショッピング、レストランあるいは病院に至るまで紹介サイトがあふれています。ウェブサイトを開けばあちこちで誰かが星をつけてコメントしています。「Twitter」「YouTube」もそうでしょう。これは好き、あれは嫌い。私たちはすごいスピードで「いいね」をするかどうかを迫られているのかもしれません。

よくよく見ればそれらしい表現を使っているものの響かないコメントもあるし、辛口でもなるほどと思わせるコメントもあります。ただし、そのほとんどが匿名で、投稿者のバックグラウンドはわかりません。投稿をほったらかして突然やめてしまうのも自由です。

これに対して、音楽ライターになるということは、あなたの名前で意見を表明するということです。あえてプロフィルを名乗らなくても、どんな音楽をどれほど聴いて、どのように音楽と関わってきたのか、あるいは関わっていきたいのかが自然と文章に表れてはじめて、音楽ライターとして独り立ちしたといえるのだと思います。組織に所属していようといまいと、あなた自身の名前で勝負するのがライターなのです。

「いつから音楽ライターという肩書を使うようになったの？　昔はみんな評論家と名乗っていたでしょう」と、あるベテランのアーティストから尋ねられたことがあります。単なる肩書の問題ではありません。良い／悪いをはっきり言いたくないから評論家と名乗るのをやめたんじゃないのか、生ぬるい！というお叱りでもありました。

確かに私が音楽のことを書きたい！と夢見た一九七〇年代から八〇年代は、目指す職業はすなわち音楽評論家でした。でもいつしか音楽ライターという呼称が一般的になり、私もプロフィルにライターと書くようになりました。時流だったともいえますが、評論という言葉からの逃げだったのかもしれません。もし同じように考えている人がいたら、ちょっと待ってください。評論家であろうと、ライターであろうと、ジャーナリストであろうと、一曲から多くの情報を引き出し、自分の立場からはっきり評価する姿勢を忘れずにいるべきです。

一億総レビュアーの時代だからこそ、自分の看板で仕事をするんだ！という覚悟をもって、その楽しさと厳しさを意識してください。

そもそも音楽ライターって必要なの？

最近は評論家といえば、屁理屈ばかりこねている人、何かにつけこきおろす人という印象をもつ人もいるようです。

またジャーナリズムに対する信頼性が失われているのも確かです。かつて出版社や放送局といったマスコミで働くことにあこがれていた私ですから、マスメディア業界が「マスゴミ」と揶揄されているのを見ると悲しい気持ちになりますが、わかったようなことばかり偉そうに、と言われればそうなのかもしれません。

それでも音楽ライターは必要だと私は思います。評論家と名乗らなくなったって、音楽について評価し、評論するのが音楽ライターです。決して新譜やライブ情報の紹介屋ではありません。

あなたは、アーティストがエネルギーを注いだ作品に向き合い、知識と経験を注ぎ込み、その一曲が、もっといえば歌詞のそのひと言が、あるいはメロディーがこの世に生まれた必然をありったけの言葉でリスナーに伝えるんです。

かつてのあなたのように、お小遣いを握りしめて、一枚のアルバムを買うかどうか迷っているリスナーが読んでいるかもしれません。あなたが書いた原稿がきっかけで、一生の友となる一曲を見つける人もいるでしょう。あるいは、そのひと言で、音楽を続けようと勇気づけられるアーティストがいるかもしれません。

音楽ライターは、音楽の水先案内人であり、アーティスト（音楽）とリスナーとの間を取り持つ仕事です。コンシェルジュのような役割を果たすといってもいいでしょう。ラジオ、ポッドキャストをはじめとするメディアと組むことで、音楽の語り部になる人もいるでしょう。

そのためにお金には代えがたい努力を続ける、いや続けてしまうのがプロの音楽ライターなのです。

かつて音楽ライターの仕事は、専門誌で新譜を紹介したり、ライナーノーツを書いたりすることが中心でした。リスナーも最新情報を雑誌やテレビ・ラジオに求めました。

いまはどうでしょう。メジャーデビューが大前提の時代には知る機会がなかったアーティストが、続々と自身の作品をネットで発表しています。ベテランも新人も、メジャーもインディーズも同じ土俵の上で私たちに歌いかけてくる時代です。好きなアーティストの情報であれば関係者のSNSを見るのが最速。「ナタリー」や「BARKS」といった音楽メディアをフォローしている人も多いはずです。またブログやSNSでは新譜だけでなく、新旧を問わずさまざまなジャンルの作品が熱く紹介されています。

今後、請け負って作品を紹介するだけのレビュアーの仕事は減っていくでしょう。一方で音楽同士の横軸、縦軸をつなぎ合わせる仕事はこれからますます求められていくはずです。これはあとの章でもお話ししますが、音楽ライター自身がメディアになる時代がきているのだと思います。

そのためには、あの人の記事が読みたいと思われるライターになることです。それにはまたライター自身のスタンス、姿勢が透けて見える文章を書き続けることが重要なのではないかと思います。そうすれば読者もそこに信頼を寄せるし、編集者、ディレクター、アーティストもあの人に書いてほしいと考えるのではないでしょうか。

まずは一人のアーティストでもいい、「ヒップホップのなかでも関西のシーンが得意です」といった具合にピンポイントでもいい。書きたい!、書けます!と手を挙げられるテーマをもちましょう。

これだけSNSや個人メディアが発達したいま、「プロの音楽ライターです」と胸を張るために、自分はどのように音楽と関わっていきたいのか、もう一度考えてみてください。どんなメディア(現場)で何ができそうですか? 誰に向かって発信したいですか?

「良い文章とは、誰も思わなかったことを書くことではない。誰もが思いながらも、言葉に出来なかったことを書くことである」とは「rockin'on」(ロッキング・オン)創刊メンバーの一人で、現在はデジタルメディア研究所代表である橘川幸夫さんの言葉です。音楽評論家と名乗るにせよ、音楽ライターと名乗るにせよ、音楽という目に見えないものの何を言葉にするのか。大切なのはそこです。

さぁ、あなたはやっぱり音楽ライターになりたいですか?

第2章 音楽ライターの仕事って？

いまは自分でメディアをもって発信できる時代。思い立ったその日からブログやＺＩＮＥを通じてメッセージを送ることができるようになりました。

そのため、あえて既存メディアを選ぶ必要性は薄れたかもしれませんが、音楽ライターに限らずフリーランスであれば、幅広い活動の場を確保していくことはメリットにこそなってもデメリットにはなりません。

特にプロフェッショナルとして長く活動したいのであれば、さまざまな現場で通用するスキルを磨いていきましょう。第2章では、音楽ライターとして携わるさまざまな仕事をご紹介します。

1　音楽ライターの活動の場

まずは音楽専門メディア

音楽ライターが活躍する現場としてまず思い浮かぶのが、雑誌などの紙媒体やウェブメディアでしょう。

ウェブメディアは紙媒体に取って代わるものといった捉え方をされていた時期もありましたが、デジタルとアナログは対立するものではなく、それぞれにメリット・デメリットがあると多くの人が気づき始めています。何より、媒体がなんだろうと、音楽を紹介するという姿勢に違いはありません。むしろいまはどちらにも柔軟に対応するのが自然でしょう。

ウェブメディアはインターネットの性質上、ニュース性や速報性を重んじる傾向があるようですが、やる気があるライターをそろえてコラムやインタビューに力を入れているメディアも少なくありません。むしろ、ニュースリリースやアーティストのプロフィルを見ればわかる情報をまとめただけの記事がウェブ上にあふれているいまだからこそ、自分なりの視点からしっかりコラムを書いたり、インタビューをしたりする人材が求められているといえます。インターネット上の記事が玉石混交になるほど、正確な情報と読み応えがある文章へのニーズは高まるはずです。

出版業界は苦戦しているといわれますが「ミュージック・マガジン」「レコード・コレクター

ズ」（ともにミュージック・マガジン）、「rockin'on」（ロッキング・オン）、「ヤング・ギター」「B-PASS（バックステージ・パス）」（ともにシンコーミュージック・エンタテイメント）など、三十年以上続く雑誌も少なくありません。

こうした総合系雑誌に対して、ジャズ、クラシック、ラテン、ブルース、アイドルといったジャンルに特化した雑誌も一定の読者を獲得しています。思い入れの強いジャンルがあるなら、こうしたメディアで腕を磨くのが自然な道筋かもしれません。

ただ、第1章にも書いたように〝スキ〟な人はたくさんいます。そのなかで〝スキ〟にとどまらず深く掘り下げてあなたならではの〝スキ〟を育て、そして表現しなければなりません。

最近、「ミュージック・マガジン」などにレギュラーで寄稿している一九九〇年代生まれの峯大貴さんは、ウェブメディア「ANTENNA」の副編集長も務めています。特にシンガーソングライターが好きで、高田渡のようなレジェンドから折坂悠太のような若手まで、現在のライブシーンに関するビビッドな情報やルーツミュージックに造詣が深いのが特徴です。

こうした若い世代の視点からどんなふうにオールドスクールが語られるのか。その点は私も興味がありますし、おそらく原稿を依頼する編集者もそうした彼の根っこの深さに信頼を置いているのでしょう。

得意楽器があるなら楽器からアプローチ

専門性ということでいえば、ギター、ベースといった楽器や機材に関する情報も常にニーズがあるでしょう。リットーミュージックの「ギター・マガジン」や「サウンド&レコーディング・マガジン」(通称サンレコ)がそうですね。プレーヤー向けというイメージだった「ギター・マガジン」も、最近はギターを介して全方位的に音楽を語る編集が目立ちます。

例えば二〇二二年五月号の特集テーマは「もっと恋する歌謡曲」。以前、反響を呼んだ「恋する歌謡曲」の第二弾。山口百恵や松田聖子という主役そのものを論じるのではなく、イントロや間奏の印象的なギターフレーズから、ヒット曲と歌い手の魅力を引き出す裏方に光を当てた編集のセンスが光る企画です。ライターも新鮮な切り口にノッて書いているのがわかります。あなたならギターを通じて、どのように音楽を語りますか?

「ギターの知識があってヒット曲を語れる人は?」「八〇年代アイドルに詳しい人知ってる?」「現在のヒップホップシーンについて書ける人は?」「音楽配信に関する記事といえば誰かな」といった具合に、編集部では常に人材を探しています。見方を変えれば、「このジャンルのことならまかせて!」と胸を張れるものをもっていなければ、なかなかチャンスはめぐってこないでしょう。

そのうえで、俺はギターに詳しい、そのシンガーなら私にまかせてという一つのテーマにとどまらず、二つの分野を結び付けることができたら、あなたの活躍の範囲は広がるかもしれません。

私もブルースをはじめとするブラックミュージックだけでなく、ルーツミュージック系の国内アーティストに強く、音楽以外のカルチャーにも通じているというイメージがあるからこそ、いまも音楽ライターを名乗ることができているんだと思います。

〝どうせ〟などと思わずどんどん書こう

実を言うと、私もまだまだもっと書いてみたいなと思う分野があり、自分から仕掛けていかなければと考えているところです。自ら動き発信していく、それはいくつになっても変わりません。

もしあなたがＺＩＮＥなどのメディアを作っているなら、編集部に送ったり、レコード店の店主に見てもらったりして存在をアピールしましょう。デモテープと同じで、すぐに反応があるかどうかはわかりません。でも〝どうせ〟の気持ちを捨てるところから道は開けていきます。

また、メディアの側が書き手を募っているなら躊躇している場合ではありません。あちらから門を開いているわけですから、積極的に応募しましょう。

数年前に開催された「LINE MUSIC」と「note」のコラボレーション企画「＃いまから推しのアーティスト語らせて」には千三百件もの応募があったそうです。イラスト、マンガ、動画での応募も可能ということで文章だけのコンテストではありませんでしたが、入賞作品を見るかぎり、熱い思いを丁寧に描くものが多く、この情熱を忘れちゃいけないなと思わせてくれました。

ブログサービスの「note」には、ハッシュタグでつながっていく面白さがあります。音楽関係のハッシュタグだけでも相当数があるので一度検索してみてください。

例えば「＃思い出の曲」などのハッシュタグを依頼されたテーマだと見なして書いていくのも練習になります。読んでくれた人と思わぬつながりが生まれるかもしれません。

編集者と仕事をしよう

ではこのようにブログやZINEで自ら発信できる時代に、既存のメディアとつながるメリットには何があるのでしょうか。

一つには情報へのアクセス権が増えるということが挙げられます。新譜やライブの情報をいち早く手に入れたり、マスコミ向け記者会見や試写会などに参加したり、オーディオや楽器の新製品にふれたりする機会もぐっと増えるはずです。

各省庁や警視庁は日本記者クラブに所属している記者でなければ取材することができません。音楽業界の場合はそこまでの制約はないとはいえ、大手芸能事務所や来日アーティストなどビッグネームへの取材となるとやはり個人の情熱だけではなかなか難しいものです。既存メディアと仕事をすることで現場の経験が増えるでしょう。

そしてもう一つ。専門の編集者と仕事をする機会がもてること、これは大きなメリットです。編集者が原稿を書くケースは少なくありません。私も本や雑誌を編集しながら自分で原稿も書くことがあるのですが、いつも原稿を第三者の目で見てくれる編集者がいてほしいと思います。

しかし、ライターと編集者は似て非なる職業です。ライターがアーティストだとすれば、プロデューサーやマネージャー的な役割も果たすのが編集者。企画からスケジュール調整や管理、インタビューの手配、校正、プロモーション、最終的には見本誌の発送、原稿料に関する事務処理まで仕事は多岐にわたります。メディアは編集者のものであり、その一端を担うのがライターという考え方もできます。そうした大きな流れのなかで進むべき方向を示してくれるわけですから、ライターにとってなんと心強いことか。

とかくライターというのは思い入れが強ければ強いほど突っ走りがちなもの。並走してくれる編集者がいれば、企画にしても表現にしても独りよがりにならずにすみます。迷路に迷い込んでしまって自信を失いかけたときも、的確に厳しくアドバイスをくれたりすると俄然やる気が湧いてきます。

もちろんそのためには、音楽の知識と情熱がある編集者との出会いが欠かせません。幸い、私にも一緒に仕事ができてよかったと思える何人かの編集者がいます。企画力に優れ、豊富な知識をもち、バイタリティーがあって、しかも丁寧な仕事をする人たちばかりです。こちらから提案した企画の実現に向けて力を貸してくれることもありますし、取材先との調整から校正まで大小さまざまなトラブルに立ち向かってくれたりもします。例えは変かもしれませんが、母親のように見守り、あれやこれやと面倒をみてくれる人たちです。

たとえインディペンデントメディアであっても、編集者的な視点をもつ友人と組むことで、原稿だけでなく仕事のクオリティーがぐっと上がるはずです。

作業と仕事を分けよう

面白いことを考え、面白いことを形作るため夢に向かって一緒に走れる人との出会いは、ライター人生を何倍にも豊かにしてくれます。

ライターが一匹狼であることにはちがいないのですが、コラボしてメディアを作る楽しさも味わってほしいなと思います。

それだけにテーマも何もかもライターに丸投げというメディアはお勧めしません。クラウドソーシングと呼ばれる仕事マッチングサイトに登録していると、さまざまな案件を目にします。縁あっていい仕事につながることもありますが、以前「メディアを立ち上げるので書いてみませんか」と声がかかったとき、内容を聞いてがっかりしました。というのも、とりあえず音楽関係のキーワードで検索して片っ端から声をかけているようで、私の原稿を読んだことがあるわけでもなく、活動に興味があるわけでもなく、しかもギャランティーが一記事で五百円程度ととにかく安い！　経験としてとにかく書いてみたいと思うなら止めません。でも、このように安いギャランティーで数をこなしてほしいと依頼してくるメディアは要注意です。結局、作業に追われて疲弊することが多いものです。

「仕事と作業を混同しないように」（橘川幸夫『希望の仕事術』バジリコ、二〇一〇年）は、いつも私の心にある言葉ですが、食べるためにするのが「作業」、喜びを求めるのが「仕事」とすれば、私にとっての「仕事」は音楽を通じてならかなえることができます。

それだけに編集者に音楽への情熱がない場合、評価されることもなく寂しいものです。やはり音楽に情熱をもつ人と仕事がしたいし、そういう人との出会いがこの仕事を続ける秘訣でもあります。

専門誌じゃなくても音楽のことは書ける

音楽ライターの活躍の場は、音楽専門誌だけではありません。最近では「ブルータス」や「ポパイ」（ともにマガジンハウス）での音楽関係の特集が好評だったようですし、機内誌や列車内の情報誌でも、ニューヨーク特集、大阪特集といった具合に各地の文化にからめて音楽の話題が取り上げられることがあります。

また、意外に身近なところにも音楽を紹介する記事はあります。例えば美容院で雑誌を渡されたら、どこからページをめくりますか？　私はまず後ろのほうにあるエンターテインメント欄を開きます。どんな音楽、映画、書籍、展覧会がどのように紹介されているかなとチェックするわけです。例えばファッションやグルメがいちばんの関心事という読者に「あれ？　面白そう」と目を留めてもらわなければなりません。

専門誌ではないのですから、専門用語を羅列しても伝わりません。もし読んでももらえないとすれば、作品にも失礼です。アーティストや作家の代わりに多くの人にアピールするのがライターの役目です。

ファン同士が出会うと「○○のシングルのB面ってさぁ」「あっ、○○レーベルのやつ？」と、あたかも相手が同郷だとわかったときのように盛り上がったりしませんか？　マニアックな話をするのって共通認識があるぶん、実は意外に楽です。むしろ専門知識がない人に専門的なことをいかにわかりやすく伝えられるかが、ライターの腕の見せどころです。そのうえで一人でも興味をもつ人が増えたなら、ライター冥利に尽きるというものです。

オタク文化が認められ、オタクが一目置かれるようになった昨今、オタクのためのオタクが作るメディアが元気です。たくさん生まれたコミュニティーはエネルギーの発信地になっていると思いますが、一方で裾野は広がっているのだろうかと疑問に感じるときもあります。

新入生をクラブに勧誘するように、部室のドアを叩いてくれたビギナーに魅力をわかりやすく説明してあげる。オリエンテーションでこれからの道筋を順序立てて説明する。音楽ライターは、そんな水先案内人でいてほしいなと思います。

もとより、音楽は暮らしのなかにあるというのが私の信条です。

レコード店を見たら寄らずにいられなかったり、月に何度もライブに足を運んだり、どこから見ても音楽ファン！という人ばかりが音楽を聴いているのではありません。一枚のアルバムを何度も何度もリピートしながら満員電車に揺られている人、いつかライブに行きたいなと夢見ながら子どもたちの世話をしたり、介護したりしている人。実は音楽を支えているのはそうした人たちの存在なのではないでしょうか。

そうした音楽を心の支えにしている人のことを忘れないでいたいなと、常日頃、心のなかで大切にしています。

2 原稿を書く仕事——ライナーノーツ、インタビュー、レポ、評論etc.

長い原稿、短い原稿

原稿を書くにあたり、必ずついて回るのが文字数と締め切り。ブログなら一枚のアルバムの感想を思いのままつづれるかもしれませんが、頼まれた仕事ではそうはいきません。アルバムレビューでは規定文字数がわずか二百文字から三百文字程度のこともあります。

一方でアーティスト論、音楽やレーベルの歴史、インタビューなどは相応のボリュームになる場合もあります。一万字から三万字のロングインタビューはそれだけで冊子になりますね。

一万字といえば、Ａ４用紙一枚に千二百文字として八枚ちょっと。昔ながらの四百字詰め原稿用紙で計算すると二十五枚分になります。物書きとしては、よし！　腕の見せどころだ！と燃える瞬間ですが、いざ書くとなるとなかなかヘビーなものだと想像できるでしょう。

では短ければ楽かといえばそんなこともなく、決められた文字数のなかで起承転結をつけて、言いたいことをまとめるのは簡単ではありません。実際、どうしてたった三百文字が書けないのだろう、とため息をつくこともしばしばです。

ほかの人のレビューを読むのも勉強になります。音楽に関することではなく舞台や本の感想でもいいでしょう。うまいなぁ、伝わってくるなぁと感じるライターが必ずいるはずです。

スキルを上げる方法としてお勧めしたいのが、ニュースリリースをまとめる作業です。出版社に入社して雑誌の編集部に配属されると、最初はニュースコーナーを担当させられることが多いと思います。退屈だなぁと感じるかもしれませんが、これがとても勉強になるんです。

リリースを短時間のうちに読み込んで大切な部分を抜き出し、二百文字程度にまとめる。これが意外と難しい。音楽ではなく舞台、展覧会などなんでもいいのですが、読んだ人に「行きたい！」

「聴きたい！」「観たい！」と思わせて行動に結び付けさせなければいけません。この手のプレゼントコーナーやニュースコーナーを見比べてみると、同じソースをもとにしていても上手にまとめているなと感じる記事があります。同じニュースがメディアによって、どのように表現されているかを読み比べてみるのもいいですね。ブログやSNSに投稿するときも、情報に優先順位をつけるよう意識すると、だんだんコツがつかめてくるはずです。

情報にも血を通わせることはできる

実は文章を書くのが得意だと自信がある人ほど陥りやすいのが情報の切り貼りです。そつはないけれどどうもほかと似たり寄ったりで、響かない原稿になってしまうことが往々にしてあるものです。

私は、一見無機質に映る情報にもさまざまなドラマが潜んでいると思っています。インフォメーションのまとめに過剰な個性を発揮する必要はありませんが、血を通わせることはできます。東京・秋葉原でのアイドルコンサートの記事なら、集まる客層や出演者の顔を思い浮かべて元気な感じに書いたほうがいいかもしれません。落ち着いたクラシックコンサートはどうでしょうか。サントリーホールのような音響が整った大ホールなのか、それともカフェでの四重奏なのか。作曲家の名前や曲名から導き出すことができる音の情景があるかもしれません。

ライブハウスのイベントなら、インターネットで店の雰囲気を調べておくだけで文章のテイストが変わる可能性もあります。直接原稿に反映されなくても、そうやって自分のなかに絵が見えていることがとても大切なのです。

ただ、こうした短いものばかり書いていると長い文章を書くときの持久力が足りなくなります。以前、タウン誌の編集部で働いていたときに「フリーペーパーでお店の紹介ばかりしているので、もっと長いものが書きたい」と売り込んできたライターがいました。お店の情報を紹介するタイプのフリーペーパーでは本文が百文字から百五十文字＋営業時間や住所などのデータというケースも少なくありません。お店紹介を書き続ける良し悪しというより、フォーマットに合わせた文章ばかり書いていると、やはり物足りなくなってくるのではないかと思います。

一時「いかがでしたか構文」と呼ばれる型に沿って作成されるウェブ記事がはやりました。「○○をご存じですか」で始まり、いくつかトピックを列挙して「いかがでしたか」「いかがだったでしょうか」で結ぶというひな型に沿ったスタイルです。

量産するにはいいかもしれませんが、いずれにしろパターン化した文章ばかり書いていると知らぬ間に自分らしさが発揮できなくなります。音楽の場合はそこまで露骨にひな型にはまることはなさそうですが、それらしい文章でお茶を濁さないように心がけたいですね。

レビューを書く

音楽ライターになると誰でも経験するのが作品のレビューです。別の言い方をすれば、アルバム評などがそうですね。

レビューには二つの側面があります。一つは、ずばり作品の評価。もう一つは、こんなアルバムがリリースされましたよというリスナーへのプロモーションです。

書くときは編集部から次はこの作品をとオーダーされることも、自分のほうから「このアルバムを紹介したい」とプッシュすることもあります。音資料やサンプルが用意されるかどうかはケースバイケース。そのアーティストの過去の作品をチェックしたいときもあるし、ときに原稿料に比べて自腹で負担する資料代の割合が高くなる場合もあります。

レビューの文字数は三百文字から千文字程度。制限のなかで情報を盛り込みながら、それなりに起承転結をつけるのに最初は、いや、いまでも苦労します。参加アーティストの名前を書いたらそれだけで二、三行埋まってしまうことも。三百文字だろうが、千文字だろうが、一度しか聴かないなんてことはなく二度三度と繰り返し聴きます。効率や工数では測れないのがライター稼業なのです。

構成も悩みどころです。昔、「いつも最初に褒めたあとで、辛口なこと書くよね」と言われたことがあります。全く無意識でしたが、受け取る側は毎回いい印象をもたなかったのかもしれません。いい点を指摘しながらちょっとひと言提案したいなというときは、どのように書き進めるべきかいまも迷います。

紹介も時代とともに

先にもふれましたが、私は隔月刊の「ブルース&ソウル・レコーズ」で「ニッポンの。国内アーティスト新譜紹介」という国内のアーティストを紹介する連載を十年以上担当しています。平均して八作品を取り上げ、約四千文字以内で紹介するというスタイルです。毎回、掲載作品を探すところから始まるので、セレクトに苦労することもあるし、それこそ時間もかかるのですが、ルーツミュージックを感じる作品を紹介することにやりがいを感じています。

このコーナーを続けながら、最近、作品の変化を感じています。ここ数年での大きな変化といえば、自らレーベルを立ち上げて流通に乗せる人たちが増えたことがあります。以前はアルバムといえばCBSソニー、ビクターといった大手レコード会社からリリースされるものと決まっていました。アルバムをリリースできるのは一握りの人たちに限られていたんです。そのため一九七〇年代から八〇年代に活躍した伝説的なライブアーティストであっても、満足がいく作品を残せなかった人、流通がかなわなかった作品は少なくありません。それなら大手にできないことを、と尽力したのがインディペンデントレーベルであり、インディーズシーンの熱気につながったわけです。

音楽エージェント・プロデューサーの永田純さんによる『次世代ミュージシャンのためのセルフマネージメント・バイブル――自分を作る・売る・守る！』（リットーミュージック、二〇一一年）は、より自由に音楽活動ができる未来を予感させる刺激的な一冊でした。事実、このころからインターネットが身近になるのに伴い、自分の力で道を切り開いていくアーティストが増えたように思います。

「ブルース＆ソウル・レコーズ」で国内アーティストのレビューを担当する私のもとに届く作品も、気がつけば八〇％から九〇％がそうした小さなレーベルからリリースされたものばかり。なかにはレーベル名がないものもあるし、一曲だけのダウンロード配信というものもあります。

その気になれば誰でも可能性があるのだから、どんどん作品を発表したらいいというのが私の考えです。だから日本中から届くさまざまな作品を手にしては、こんな人がいるんだとわくわくしています。

一方で、新たなとまどいもあります。はたして大々的にメジャーデビューをうたって全国に打って出ようとする作品と、主に固定ファンが購入するライブ会場だけで販売する作品とを同じ視点で紹介すべきなのかどうか。誰でも買えるわけではないとすれば、全国誌では論評よりもインフォメーションに重きを置いた紹介にしたほうがいいのかもしれません。

いずれにせよ、第一の基準は、作品が三千円なりのお金を払って買うに値する作品かどうかです。その人のライブを観たことがあろうがなかろうが、前作がどうであろうが、聴いてみたい！と思わせることです。

一枚のアルバムを一度しか聴かないということはありません。一部の曲については何度も聴くということもよくあります。時間はかかりますが、作品に誠実に向き合う姿勢を忘れたなら、音楽ライターと名乗る資格はありません。レビューとは、リリースを体よくまとめる仕事ではないのです。

ライナーノーツを書く

ダウンロード配信が増えたとはいえ、まだまだアルバムには解説＝ライナーノーツが付属します。作品の仕様にもよりますが、文字数は約二千文字から三千文字。特別なボックスセットならもっと多い場合もあるし、低価格設定のシリーズ（廉価版）の場合、千文字のこともありました。

ライナーノーツの役割は、リスナーの想像力を補い、作品をリスナーに引き寄せることだと思っています。書き方にパターンがあるわけではありませんが、勝手気ままにつづるエッセーでは用をなしません。

デビューアルバムなら名刺がわりの一枚という側面からバイオグラフィーに力点を置くし、何枚もリリースしているベテランならむしろキャリアのうえでの意義に迫ることになるでしょう。担当者からも「初めて聴く人にもわかりやすいよう簡単なプロフィルにふれてほしい」といったオーダーがあるはずです。

アルバムの帯に「解説：妹尾みえ」と名前が入るのはうれしいものです。名前が売り上げに貢献するのかどうか正確な数字はわかりませんが、ジャンルによってはこの人なら安心という音楽ライターが存在するのは確かだし、そうありたいという気持ちで仕事をしています。

私は最近だと、一九七〇年代から八〇年代にかけて活躍したブレイクダウンというバンドの発掘音源のライナーを担当しました。みなさんには「おどるポンポコリン」でレコード大賞を受賞したB.B.クィーンズの近藤房之助が在籍したバンドだといえば身近に感じてもらえるでしょうか。私にとっては親しみがあるバンドでしたが、事前にディレクターから細かな表記を含め、初めて聴く人にもわかりやすいようにと注意がありました。私自身も当時を知る人だけでなく、知らない人にもそのすばらしさを伝えたい！という思いがあったので、そこは熱い気持ちを注入しながらも慎重に書いたつもりです。リリース前に元マネージャーに内容を確認してもらったところ、「愛情がこもったライナーでした」とうれしいコメントが返ってきてほっとしました。

洋楽だと、有名レーベルの再発シリーズや、一つのボックスに三十曲あまりが収録された年代別ヒット曲集のボックスセットのライナーノーツを担当しました。再発シリーズは、初めて手に取る人にもわかりやすく、そしてこのアルバムを入り口に深掘りしていけるようにという思いで書きました。このボックスも基本は同じですが、懐かしんで手に取る人も多いはずなので、限られた文字数のなかで思い出をじゃましないよう、無味乾燥なデータ中心のライナーノーツにならないように気をつけたつもりです。

いつも手に取る人のことを想像しながら書いているだけに「ライナーよかったです」と声をかけてもらったときは、うれしいです、本当に。

例えばジョン・バティステ

二〇二一年度の第六十四回グラミー賞最優秀アルバムはジョン・バティステの『We Are』が受賞しました。十一部門にノミネートされ、五部門でグラミー賞獲得と大活躍の彼はアメリカ・ニューオーリンズの音楽一家で育ちました。ブラックミュージックファンなら〝バティステ〟という苗字にピンとくる人もいると思うのですが、日本では知名度が高いとはいえないでしょう。

ユニバーサル・ミュージック・ジャパンの公式サイトのバイオグラフィー（二〇二三年四月時点）を確認すると、

・「フォーブス」誌の名物企画「世界を変える三十歳未満の三十人」に選出され、アメリカではすでに強力な影響力をもつアーティスト、

・二〇二〇年十二月に公開されたディズニー・ピクサー映画『ソウルフル・ワールド』（原題『ソウル』、監督：ピート・ドクター）では劇中歌とエンドソングを担当、
・ファッションブランド、COACH の二〇二〇年秋冬コレクションでは、マイケル・B・ジョーダンやジェニファー・ロペスとともにブランド・アイコンに抜擢、

といった一般の人にも伝わりやすい情報がわかります。これらをアレンジしてキャリアをたどるだけでも原稿は構成できますが、記名入りのライナーノーツを書くならもう少し話を深めたいですね。誰でもインターネットで検索できる時代だからこそ、あなたらしい考察と情報をプラスすることが求められます。

私なら、自分の音楽を〝ソーシャルミュージック〟と呼ぶ彼のことですから、ブラック・ライブズ・マター（Black Lives Matter）、コロナ禍といったいくつかのトピックをもとに彼のビジョンをひもといていくでしょう。そのためにはアメリカ社会の現状といった音楽以外の知識も深める必要があります。

ライナーノーツは、作品の理解を深めるお手伝いをするためにあります。背景を深く探り、一曲、一音からいかにたくさんの情報を引き出すかがライターの腕の見せどころです。

さて、グラミー賞には「最優秀アルバム・ノーツ賞」があるのをご存じでしょうか。ライナーノーツも一つの作品として評価の対象なんです。同じく第六十四回では、ＮＨＫの朝の連続テレビ小説『カムカムエヴリバディ』（二〇二一—二二年）でも話題になったジャズの巨匠サッチモことルイ・アームストロングの『The Complete Louis Armstrong Columbia And RCA Victor Studio

Sessions 1946-1966』の解説を担当したリッキー・リカーディに贈られています。この解説は三万語に及ぶ大作です。リカーディが情熱を注いできた長年のサッチモ研究にも敬意を表するかたちになりました。

ライナーノーツは作品のオマケではなく、作品の一員。現実的には無理としても、いつかグラミーを！　せめてそれくらいの気持ちでいたいものです。

インタビューをする

インタビューは、ライターの大切な仕事です。

ブログやSNSにアルバム紹介があふれるいま、今後ますますアーティスト自身の声を伝えるインタビューの重要度は増すといえるでしょう。

厳密には、インタビューには二種類あります。一つは、新譜やイベントなどのプロモーションを主な目的とするもの。もう一つは、作品やその人自身の活動について深く知り伝えるためにセッティングするものです。

前者なら「新作を聴きました」から始まり、まず押さえるべきは本題です。

「今回のアルバムを制作することになったきっかけは？」

「○○さんが考えるフジロックの魅力とは？」

いずれもあたりさわりのない質問にみえますが、このように伝えるべきことを確実に聞き出して伝えることが基本になります。必要とされる項目を押さえたうえで、あなたがインタビューしたからこそのひと言を引き出したいところですが、無理に難しい言葉を使う必要もないし、ましてや自分のいいところを見せようとする必要などありません。よほど名前があるインタビュアーでなければ、自分はあくまで媒体の名前で仕事をしていることを忘れずに。

ロングインタビューなどの場合は、もう少し深い話に斬り込むことになるでしょう。歪曲してはいけませんが、話したことを右から左に移し替えるだけでは芸がありません。日頃からどんな視点でものを見ているのか、どんな問題意識をもっているのか、インタビュアーとしてのあなたの姿勢がより問われることになります。

インタビューされる側は、相手がどれくらい自分に関心をもってくれているか感じ取るものです。日常でも誰かと話をしていて、あぁこの人は自分に対して関心がないなってわかりますよね。逆に作品を丁寧に聴いてくれているなとか、過去の記事をちゃんと読んでくれているなと感じると、真剣に向き合ってくれます。

昔、あるアーティストにインタビューしたあと、「カウンセラーのようだ」と言われたことがあります。笑いながらでしたが、ご本人も気づかない深層が言語化された瞬間があったのでしょう。

話すのは苦手だからインタビューなんてできるかな、と心配な人もいると思います。私もおしゃべりではありますが、決して論理立ててスマートに話すタイプではありません。でも自分がうまく話すより、いかに相手に話してもらうかが大事なんだと気づいてから、だんだん質問の仕方を考えるようになりました。全く知らない人からさまざまな相談をもちかけられる弁護士が、持論をふりかざすのではなく、相手にとにかくしゃべらせるのがコツだと話していたのを耳にしたことがあります。相手に十分話させてから次の話に移る。決して相手の話にかぶせない。名インタビュアーを見ているとみんな、聞き上手で待ち上手だなと感じることが多いものです。

「がんばってください！」、肝心なのはそのあと

人と話すのが好きだと言う人でも、多かれ少なかれ緊張するのがインタビューです。なんだコイツ、と思われたら話は膨らみませんが、だからといって過剰に相手にすり寄る必要もありません。リスペクトする気持ちさえ伝われば、多少脱線しても、失礼な質問をしてしまっても、最後はなんとかなると信じています。

相手が世界的ビッグアーティストなら、そのオーラに圧倒されてしまうかもしれません。でもプロモーションが主な目的の場合などは、インタビューの目的がお互い明らかなので意外にスムーズに進みます。相手もある程度質問を想定し、答えを用意しているからです。

私は飲食店の取材もたくさんしてきましたが、ミシュランで星を獲得しているレストランのほうが取材について理解があるぶん、流れはスムーズでした。むしろ町の八百屋や魚屋をいきなり訪ねるような取材のほうが自分の取材力を試された気がします。

ざっくばらんにいえば、取材力とは本質に向き合う力。その力量によって、同じアーティスト、同じ新譜についてのインタビューでも、ライターによって質問が変わってくるでしょう。

かといって、深層部分に迫ろうとするあまり無理やり歌詞と個人を結び付けようとするなど、ライターの思い込みが強すぎてもインタビューはうまくいきません。実際のところ、作った音楽を聴

いてくれればそれでいい、余計な解説はいらないというのがアーティストの本音なのだろうと感じることもあります。

取材ではなくてもあこがれのスターにようやく会えたのに、出てくる言葉は「がんばってください」「応援してます！」で精いっぱいだった。そんな経験はありませんか？　見方を変えれば、「すばらしかったですね」「最高です」で止まってしまったら、一般のファンと変わりがありません。称賛を送ったうえで、どこがすばらしかったのか、どこが最高なのかを言葉にすることがライターの役目だと思います。

一時間で何を聞く？

インタビューは平均して一時間程度です。特にプロモーションの場合、アーティストは一日に何本ものインタビューを受けている場合もあり、疲れていたり、またその質問かと辟易していることもあるでしょう。ただ気遣いながらも、こちらも目標を全うしなければいけません。

人間の集中力は一時間半程度が限界といわれています。学校の授業だってそうですよね。あれもこれもと思わずに集中してキメるぞ！の心構えで臨んだほうがうまくいきます。

話が弾んで時間が延長になるときもあれば、想定外の進行になることもあります。私が最初にインタビューしたのはジョン・リー・フッカーという大物ブルースマンでした。喫茶店あたりで待ち合わせかなと予想していたら、ホテルの部屋まで来てくれとのこと。編集者と通訳の人と一緒に訪ねると、お疲れだったのかフッカーはベッドに入ったままで半身だけ起こしていました。ペーペーだった私はまずその雰囲気に圧倒されてしまいました。そのうえ英語もしどろもどろだし、話も弾まず、インタビューは日を改めることになったのでした。

また、ある俳優へのインタビューでは、撮影の時間がきたので終わらせようとしたら、「今日は後がないから、なんでも聞いてちょうだい」と逆にリクエストされ、ひととおり質問を終えたあとだっただけに冷や汗をかいたこともありました。

まとめ方にあなたの個性を出そう

さて、こうして話を聞いて万々歳とはいかないのがインタビューです。著名なインタビュアーになると原稿をまとめる専門スタッフを抱えているケースもあるようですが、一介のライターにそんな余裕はありません。むしろ、ここからがライターの腕の見せどころでもあります。

同じ新作についてインタビューしても、書き手が違えば不思議と同じ内容にはなりません。どの発言をピックアップするのか、あるいは発言の意味をさらに膨らませるのかはライターの裁量です。もっている知識や問題意識も作用してきます。より深く新作を理解してもらうために、あるいはアーティストの魅力をよりはっきり伝えるために、どんな言葉を使ってまとめるか。あくまで主役はアーティストですが、原稿に関していえばライターが存分に個性を発揮しなければいけません。

「雑談も多かったのに、よくまとめましたね」と褒められると、ライターとしてはよし！という気持ちになります。

インタビュー基本中の基本

まとめ方には三つのスタイルがあります。

一つ目はQ&A形式で、インタビュアーの質問とそれに対する回答で構成します。アーティストの回答が生きるよう、質問の文言は当日尋ねたそのままではなく全体の流れをみながら調整します。

二つ目は、アーティストの語り口だけで構成するものです。ライターの余計な質問を排除することで、その人自身が語りかけるような記事になります。

三つ目は、地の文に相手の声を織り交ぜるもので、例えば次のような構成が考えられます。

「つまり壁にぶちあたっているということなのだろうか。私は少し訝った。するとそんな空気を察したのか「もちろん迷いはあります。でも立ち止まるということはありません」とAは、まっすぐ私の目を見た」

ライターの考察や説明が中心になりがちですが、特にキャラクターがはっきりしたアーティストの場合は効果的だと思います。いずれにしても、読者が読んだときにその人の声が聞こえるようなインタビュー記事ならまず成功です。

インタビューの準備に必要なものはＩＣレコーダー、書きやすいペン、ノート、カメラなどいろいろありますが、それ以上に必要なのは、相手の作品を聴いたり、動画をチェックしたりしておくことです。可能ならライブに足を運びましょう。とにかく丸腰で向かうな！と伝えたいです。

ＩＣレコーダーに関していえば、録音したつもりが録音されていなかった！　そんな事態が、一度、いや二度くらいありました。帰って確かめたときに血の気が引いていったのはいうまでもありません。一度は設定ミスで音声レベルが低かったこと、もう一回は外部マイクの接続が不良だったことが原因でした。

そのときのために、というわけではないのですが、メモを取るクセはつけましょう。メモを取っていることで、この人は話を聞いているんだなと相手が安心する場合もあります。ノートの罫線を気にせず大きな文字でどんどん書く人もいれば、几帳面に書く人もいます。このあたりはだんだんと自分のスタイルを見つけてください。

インタビューはメディアが準備してくれる場合もあるし、自分で申し込むこともあります。しかし、かしこまった場を設けなくても、相手に向かい合えばそれはインタビューです。つまり、ライブ終了後の会話などもインタビューなのです。考えようによってはまわりじゅうインタビューだらけと言ってもいいかもしれません。

インタビューごっこをしてみよう

一度、インタビューごっこをしてみることをお勧めします。友人などにインタビュアーを頼んで、自分がインタビューされる側になってみるわけです。すると聞いてほしいなと思うことを相手は案外尋ねてくれないことに気づきます。ちょっとした相手の姿勢やしゃべり方が気になる場合もあるでしょう。

完璧だ！と思えるインタビューはほとんどありません。いい話が聞けたなと気分よく終われることはあるものの、録音を聞き返すと「あぁ……」とため息が出ることもしばしば。自分のしゃべりすぎがいちばんいやになります。

インタビューの達人と呼ばれるような人は沈黙があっても待つことを恐れず、相手に自然に話してもらっています。どんな記事にしたいのか、着地点を想定しておくことは進行を助けるでしょう。でも筋書きどおりでないからこそ、思わぬひと言が引き出せる場合もあります。

結局、大切なのはアーティストに誠実に向き合うことです。アーティストは鋭い感性をもつ人ばかりですから、インタビュアーがどんなスタンスで臨んでいるかはすぐに見抜かれてしまいます。ときにメモを取る手を休めてもかまいません。インタビューはコミュニケーションだと心得て、相手の話に真剣に耳を傾けましょう。

「着地点を想定する」ということでいえば、カメラマンの場合、写真がうまいことと、ジャーナリスティックであることは別です。メディアでどんなふうに使われる記事なのか、どんなカットが必要なのか。編集者からの指示以上のことができるカメラマンは重宝がられます。いくら露出もシャッタースピードも適切で美しい色合いであっても、アーティストの表情を捉えていなければ誌面全体で生きてきません。慣れたカメラマンは、タイトルが入る位置まで考慮して撮影してくれます。

ライターも同様です。気を使いすぎる必要はありませんが、自分が担当する記事が特集のなかでどういう位置づけなのかなどは聞いておいて損はありません。何を求められているインタビューなのかはやはり常に考えるべきです。

レポを書く

コンサート（ライブ）評、フェスやイベントのレポートもライターの仕事です。

臨場感あふれるレポートを書くのは私の好きな仕事の一つ。その日会場にいた人には感動を新たにしてもらうために、残念ながら足を運べなかった人には行った気分になってもらえるように、いきいきとした内容を届けたいと心がけています。

ライブによっては関係者に事前に決められた曲目リスト（セットリスト）が配られる場合もありますが、基本的には自分の耳が頼り。顔はステージに向けたまま、周りのじゃまにならないようメモ帳にささっと走り書きするなんてこともしばしばです。オープニングの曲名は?、代表曲をどのタイミングで演奏したのか、印象的なMCは?といったポイントだけ押さえておくのも一つでしょう。

大切なのは、セットリストだけではありません。会場の雰囲気や、始まる前から演奏終了後までのお客さんの様子もレポートをリアルにするために大切な要素。私はかぶりつきで楽しむのと同じくらい、会場全体を見渡せる場所にいるのが好きですが、それはお客さんの様子が手に取るようにわかるから。ステージも客席も、ときにスタッフの雰囲気も合わせて作られるのがライブです。

演奏曲目を積み上げて事実を伝えることに重きを置くのか、自分の気持ちを投影しながら臨場感あふれる文章を大切にするのか、ライブ評のアプローチは分かれるところでしょう。

私は後者です。アーティストがステージに登場したときの表情、メンバーとのやりとり、といった演奏以外の視覚的な印象も心に刻みます。

男泣きしている人もいた。圧倒的だった。これほどジャンルにとらわれた聴き方をしていたことを後悔したことはない。ソウルでも、ブルースでも、ロックでもない。ただただ、ベティ・ラヴェットという人間の歌に心動かされた。

（「人生も浮かび上がらせた圧倒的な歌　ベティ・ラヴェット来日公演」「ブルース&ソウル・レコーズ」第百十二号、二〇一三年、一七ページ）

これは私が二〇一三年のbillboard LIVE TOKYOに来日したシンガー、ベティ・ラヴェットのコンサート評を書いたときの書き出しです。素直な感動を冒頭に置き、そして締めはこんな感じに。

アンコールの拍手が鳴り止まぬ中、"I've Got

コンサート取材でカプセルホテルに宿泊
このときは撮影も必要で、一眼レフカメラ、パソコンなども持ち込みました

My Own Hell To Raise"収録の"Sleep To Dream"へ。バンドメンバーが一人ずつ抜けていき、ベティ一人になったところでシドニー・オコーナーの"I Do Not Want What I Haven't Got"をゆっくりと歌い出した。

ネイティブではない私にも一つひとつ言葉が届くような繊細な歌声。ゴスペルの祈りのようだと聞き入っていると、やがてベティは静かに床にマイクを置き、ステージを降りた。ため息ともつかぬ歓声。心憎い演出だった。(同誌一七ページ)

ベティ・ラヴェットの凛とした姿やその息遣いまで届けるにはどうしたらいいか悩んだ結果、私らしいライブレポートが書けたと思っています。

一方、何人ものアーティストが出演するフェスの取材では、とにかく動くことを心がけます。お目当てのアーティストだけでなく、メインアクトから新人まで、この機会だからこその体験を記事にしましょう。ライブハウスで観ていたアーティストも、フェスでは違う顔を見せるときがあります。その瞬間を見逃さないように。

映画評・書評を書く

このほかに、音楽関係の映画や書籍、アート関連を紹介する記事を書く仕事もあります。じっくりと作品と向き合い、刺激された想像力を言葉でひもとくという意味でも好きな仕事です。

映画の場合、多くはロードショー前に配給会社の試写室で鑑賞することになります。コロナ禍では指定のURLを受け取って自宅で視聴するウェブ試写もありました。

観客と同じ気持ちでいたいから、基本的にフラットな気持ちで鑑賞します。でもやっぱりそこは仕事。どこをどのように紹介しようかと、ものすごいスピードで頭を整理しながら観ています。終わってすぐ配給会社の方に感想を求められることもありますから、ぼんやりしているわけにはいきません。

クイーンのボーカリスト、フレディ・マーキュリーの生涯を描いて大ヒットした『ボヘミアン・ラプソディ』（監督：ブライアン・シンガー、二〇一八年）。「伝説のチャンピオン」「ウィー・ウィル・ロック・ユー」（ともに一九七七年）といった音楽ファン以外にもおなじみの曲があり、わかりやすいストーリーだったとはいえ、ロックというジャンルの枠を超えて多くの人たちに支持されたのは印象的でした。聞くところによれば、試写を観た評論家の間ではいまひとつの評価もあったのだとか。フレディ・マーキュリーのダークな部分が描きされていないからというのがその理由の一つですが、ライターと世の中との感じ方の違いを思わせますね。音楽ライターなら、曲に関するちょっとしたエピソードなどを書きたいところですが、専門誌でなければ、実際の人生と厳しく比べることなく映画での描き方そのものに言及するのも一つでしょう。俳優たちのプロフィルや制作スタッフについてもひととおり調べておきたいところです。

映画は総合芸術といわれるだけに、音楽以外にもいろいろなことを勉強する必要を痛感します。

二〇二一年に日本で公開された『サマー・オブ・ソウル（あるいは、革命がテレビ放映されなかった時）』（監督：アミール・〝クエストラブ〟・トンプソン）は、音楽ファンの間でかなり話題になりました。一九六九年にニューヨークのハーレムでおこなわれた歴史的フェスティバルの記録なのですが、五十年以上も地下室に埋もれたままになっていました。それがアーティスト・DJ・プロデューサーであるクエストラブの手によって日の目を見たというものです。

当時の黒人問題にからむニュースソースも織り込まれることから、一九六九年がどういう時代だったのか、ハーレムはどんな状況だったのかと、調べても調べても足りないほどです。

映画評にしても書評にしても注意したいのは、あらすじを書くことに終始しないように。これは学校の読書感想文と一緒です。主人公の気持ちとか、そこで流れた音楽との関係などさまざまな角度から著者や制作者の思いに迫り、作品の魅力を言葉にすることです。

映画評や書評はある意味、ライターであれば音楽と自分の引き出しとを結び付けるまたとない機会になるでしょう。

コメントを書く

コンサート、新譜のパンフレットやフライヤーに原稿を書くのも音楽ライターの仕事です。目的はプロモーション＝宣伝。と書くとなにやら堅苦しいですが、つまり企画の成功に向けたお手伝いだと私は考えています。ですからコンサートであれば一人でも多くの人に足を運んでもらえるよう、お客さんの背中を押すような仕事をしなければなりません。

先日手に取った琉球フェスティバルのフライヤーでは、ベテランライターのFさんが出演者それぞれからコメントを引き出し、フェスに臨む気持ちを立体的に伝えていました。宣伝といっても、ただ単に出演者の紹介をしたり、ぜひ来てくださいね、と呼びかけるだけでは芸もなければ、ライターの味もありません。音楽ジャンルの背景を調べたり、フェスの歴史を深掘りしたり、ちょっとひと手間かけた文章を書きたいところです。

新譜発売に合わせてフライヤーへのコメントを求められることもありますが、これは案外難しいんです。というのもアーティストと親しいみなさんによる、仲間への愛情あふれるコメントと並ぶ場合があるから。

TOKYO BLUES CARNIVAL 2022
フライヤーの裏面やウェブサイトに掲載するための原稿を書きました

例えばウルフルズをはじめ数多くのセッションでも活躍するキーボードプレーヤー伊東ミキオさんの十年ぶりのソロアルバムに、同じくピアニストでシンガーソングライターの「ローリングピアノマン」ことリクオさんが寄せたコメントはこうです。

「TRY AGAIN」は、ロックンロールピアノマン伊東ミキオによるブルースアルバムだと思う。てらいのない正直な歌が、割り切れないブルースを抱え続ける多くの心に届きますように。

短いけれど、心にふれるコメントだと思いませんか？　いくら理屈をこねたところで、こうした心のつながりがある人のひと言にはかないません。

言葉を生業とする音楽ライターとしては、熱くなりすぎず、かといって距離を置きすぎないコメントを書きたいもの。特に私はどうも説明しすぎな傾向にあるので、できるだけシンプルな言葉をといつも心がけています。

3　メディアに出演する仕事、人をプロデュースする仕事

ラジオ出演、番組構成、DJ

テレビの音楽番組は影を潜めましたが、ラジオはまだ踏ん張っています。

例えばピーター・バラカンの『ウィークエンドサンシャイン』（NHK－FM、一九九九年―）や山下達郎の『サンデー・ソングブック』（TOKYO FM、一九九二年―）は大きな影響力をもっています。影響力とはつまり、番組で紹介されたアーティストを聴いてみよう、その手の音楽を聴いてみようというアクションにつながるということです。

あなたはふとラジオから聞こえてきた一曲が耳に留まったことはありませんか？ 世代的に私はラジオを通じて、忘れられない一曲や、未知のバンドに出合ってきました。だからよりラジオでの突然の出合いにロマンを感じてしまいます。

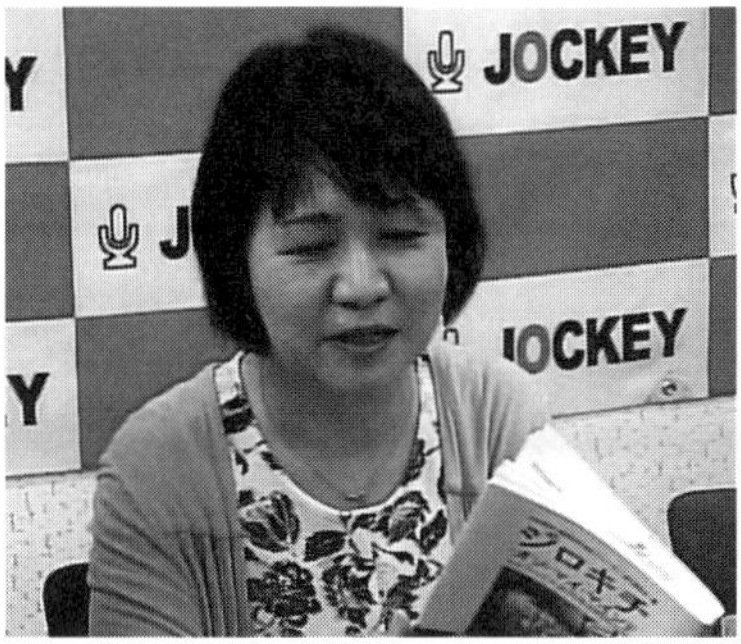

書籍のプロモーションでネットラジオに出演

レギュラーになるのはなかなか難しいようですが、音楽ライターが番組の構成や選曲で活躍しているケースはあります。なかには飛行機の機内エンターテインメントの選曲をまかされている方も。

最近の私の経験でお話しすると、ジャズシンガーのビリー・ホリデイ生誕百年にちなんだ番組、NHK－FM『ブルースの魂 今ここに――ビリー・ホリデイ生誕100年に寄せて』（二〇一五年）の番組構成を手伝いました。このときは制作会社から声がかかり、シナリオに必要なトピックを調べるだけでなく、スタジオライブのゲストやナレーターを誰にするかまで打ち合わせしたうえで、収録にも参加しています。

またコロナ禍では、高円寺のライブハウスJIROKICHIが始めたインターネットラジオ番組『Radio House JIROKICHI』のシナリオを手伝いました。アーティストや他店の制作スタッフなどを招いての約一時間の番組で、進行役はライブハウスのスタッフです。プロではありませんが、JIROKICHIという店への信頼感で通じ合うものがあるのでしょう。プロの音楽ライターがかしこまって向かい合うのとはまたひと味違うトークが引き出され、ひたすら感心させられました。インタビューって、お互いの信頼感のうえに成り立つものなんですよね。

ラジオ出演では「ブルース&ソウル・レコーズ」誌主催の「ブルース&ソウル リズムトーク」に四週にわたってゲスト出演しました。「Spotify」で聴くことができるインターネットラジオです。俳優ジョン・ベルーシの伝記映画『ベルーシ』（監督：R・J・カトラー、二〇二一年）の公開に合わせ、彼の代表作『ブルース・ブラザーズ』（監督：ジョン・ランディス、一九八〇年）にまつわるエピソードを編集長と語り合うというもの。おしゃべりは苦手だと尻込みする方もいるかもしれませんが、プロのパーソナリティーのように流暢に話す必要はないと思います。確かな知識と音楽への深い愛情は、聴

イベントで解説する
一時代を築いたシンガー、ボビー・ブランドのトリビュートイベントで

く人に伝わるものです。原稿では伝えきれない情報を提供できる場として、ラジオはチャレンジしがいがあると思います。

音楽ライターのなかにはＤＪとして活躍している人もいます。全く別の職業ですが、ＤＪをすることによってコレクションを整理できたり、現場の動向を肌で感じたりすることもできるでしょう。

私がときどき参加させてもらうのは、レコードやＣＤをかけながら解説もするＤＪパーティー。仕事にはなりませんが、こちらはライブでライナーノーツを紹介するようなもので勉強になります。音楽ライター同士で情報交換したり、なかなか会えない読者と交流できるのも有意義だと感じています。

ライブやアルバムをプロデュースする

執筆の仕事ではありませんが、ライブや書籍の企画を立てたり、アルバムのプロデュースをするチャンスも出てくるでしょう。私も伝説のブルースマン、ロバート・ジョンソンへのトリビュートアルバム『悪魔に魂を売り渡す13の方法』（Ｐヴァインレコード、二〇〇〇年）の制作に携わったことがあります。複数のアーティストが参加するコンピレーション作品で、アーティストへの交渉の仕方、販売まで見据えた計画や録音の技術など、勉強しなければならないことが多いなと痛感した仕事でもあります。

また、自分が全面的に前に出なくても、これはと思うアーティストをレコード会社やメディアにつなぐお手伝いをするチャンスもあるかもしれません。

規模の大小はあれど商品化するわけですから、多くの人たちに知ってもらう＝売る努力をしなければいけません。そのためにも自分自身の商品価値を高め、日頃からアーティストや制作会社と信頼関係を結んでおくことが大切です。

アルバムを語るだけが音楽ライターじゃない！

コロナ禍で配信が盛んになってから、動画撮影のテクニックについて解説する記事をよく読むようになりました。音楽と動画が密接に結び付いているいま、こうした技術系の情報はますます重要になってきます。私も撮影をしたり、ポッドキャストに関わったりすることがあるので、機材には常に興味があります。ただ撮影するにもライブハウスとホールとでは違うし、ロックバンドとアコースティックな弾き語りでは音量からして違う。いったい何を買って準備すればいいのやらちんぷんかんぷんでした。だから自らもライブが好きな人の視点から、わかりやすく語ってくれたらなと思うのです。

オーディオ関係のメディアもライターとして活躍できる現場の一つです。最近レコードの人気が再燃していますが、SoundScan Japan の発表によれば二〇二一年のアナログレコードの売り上げは前年比一七三パーセントに達しているとのこと。アメリカでもイギリスでもすでにレコードがCDの売上高を追い抜いているという報道があります。それに伴ってレコードプレーヤーにも注目が集まっています。オーディオの世界は奥が深く、私などが太刀打ちできる世界ではありませんが、「どんなレコードプレーヤーを買えばいいですか？」と尋ねられることもあります。高級オーディオ製品の情報だけでなく、こうしたオーディオビギナーへの的確なアドバイスも求められているのです。

廃れてしまったと思われた機材といえば、最近またラジカセが注目されているとか。カセットテープに録音した作品をリリースするアーティストもいますね。このあたりになると家電アドバイザーと名乗る人の領域かもしれませんが、音楽ライターの視点から音質や使い勝手を語ってみるのも面白いですね。

アナログだけでなく、パソコンやスマートフォンで音楽を聴くデジタル技術も超スピードで向上しています。「Spotify」「Apple Music」「Amazon Music」などストリーミングサービスの使い方、ダウンロードした曲の聴き方……みなさんは当たり前に使っているかもしれませんが、さていざ言葉にして説明するとなるとどうでしょう。

例えば「○○のソロ曲ハイレゾ化決定！」といったニュースの「ハイレゾ」とはいったいなんでしょうか。ＣＤを上回る超高音質らしいと、そこまではわかるのですが、どれくらい音がいいのか、スマホで音楽を聴いている人にも御利益があるのか。デジタルガジェットと音楽を結び付けてわかりやすく解説することができれば重宝されるでしょう。

このように一つの分野を深く掘り下げるだけでなくさまざまな分野の知識をかけ合わせて音楽の魅力を語ることによって、プロのライターとして存在感を示すことができるはずです。

第3章

好きな音楽だけ聴いていればいいの!?

メディアは常に即戦力になる新しいライターを求めています。特定のジャンルやシーンの動向に詳しいといった強みがあればチャンスをつかむ可能性があるでしょう。

でも、音楽に詳しいことと原稿が書けるかどうかは別です。ライターと名乗るからには文章力もおろそかにしてはダメ。せっかくの知識も、言葉で伝わらなければ商品になりません。

ではどうしたらいいのでしょうか。元も子もない言い方になってしまいますが、これはもう自分自身の努力にかかっています。たくさん読んで、たくさん書いて、経験値を上げていく。これに尽きます。そういう私も雑誌に書き始めた大学生のときから、見よう見まねでここまで続けてきました。

編集者が原稿に手を入れることはあっても、文章の書き方を教えてくれることはまずありません。校正で直してもらえるからと書きっぱなしのライターもたまにいるようですが、それでは編集者の負担が増すばかり。大きな仕事はまかせてもらえないでしょう。

第3章ではプロフェッショナルな音楽ライターになるために大切なことを、書き手の側面から考えてみます。書くことに自信がある人にとってはいまさらなトピックもありますが、何事も基本からという意味でお読みください。

1 書き手としての心構え

ライターには二つのタイプがある

音楽ライターには二つのタイプがあると思います。

一つは、ディスコグラフィーなどのデータをもとに情報を積み上げていくタイプ。もう一つは、ライブにもまめに足を運び、肌感覚からアーティストの姿を浮き彫りにするタイプ。最終的に作品の水先案内人になることには変わりありませんが、リスナーの想像力を刺激するための軸をどこに置くかで書きぶりが違ってくるわけです。これを私はおおざっぱにレコード派、ライブ派と呼んでいます。

レコード派

レコード派はアーティストやエンジニア、プロデューサーといったデータを整理しながら耳を研ぎ澄ませ、作品をひもといていくスタイル。ディスコグラフィーやデータなんてただの文字の羅列でしょ？と思う人もいるかもしれませんが、ときに関係者に確認しようがない半世紀以上前の録音であっても鮮やかにスタジオの様子が浮かび上がってくることもあります。半端ではない量の音楽を聴いてきた経験値に裏打ちされていればこそ、リスナーに新しい世界を見せることができるのです。そうしてはじめてコレクターではなく音楽ライターとして一人前といえます。

とはいえ、デビューは何年で、メンバーチェンジが何年にあって……というデータだけで埋め尽くされた原稿はロマンが感じられないし面白くないもの。メディアは知識を自慢する場ではありません。そこは気をつけたいところです。

もちろん、名前を聞けば誰もがスタイルを想像できるアーティストであれば、データの列記が効果的な場合もあります。

一例を挙げると、熱心に音楽活動を続けている俳優の六角精児が二〇二二年にリリースしたフォーク&ロックのカバー集『人は人を救えない』には、当時オリジナル楽曲にサポートで参加したギタリストや、この手の音楽には欠かせないアーティストが多数参加しています。この場合、次のように参加メンバーやスーパーバイザーの名前を列記することで、おのずとアルバムの音が見えてくるわけです。

「俳優の六角精児による初のソロ・カバー・アルバム。六角精児バンドのほか、鈴木茂、高田漣、岡田拓郎、春風亭昇太もトロンボーンで参加と錚々たる顔ぶれがサポート。スーパーバイザーにはパイド・パイパー・ハウスの長門芳郎……」

逆に、参加メンバーにふれることなくライター自身のフォーク&ロックへの思い入れや背景などをつらつら書き連ねたのでは、この作品の核心にふれることにはならないでしょう。このあたりは聴き手が知りたいことは何かを読み取る想像力をもったうえでのバランス感覚が大事です。

ライブ派

一方、感覚を言葉にしていく、いわゆるライブ派はどうでしょう。こちらはさまざまな角度から作品やアーティストに関するストーリーを描いてみせるのを得意とします。もちろん、データをないがしろにするわけではなく、事実のうえに立ちながらも、自らの経験や感動を作品に投影させながら音楽の魅力を引き出していくのです。

そういう私自身もこのスタイルのライターで、ある編集者に「いつものように人となりに迫ったものを書いて」と言われたこともあります。ライターになりたてのころは知識不足なこともあってデータ派に引け目を感じていたのですが、そこを見てくれていたんだとほっとした覚えがあります。

かといって、つらつらと中途半端な自分語りはしないように注意しなければなりません。繰り返しになりますが、あくまでも主役は音楽でありアーティスト。ライターは小説家でもなければエッセイストでもありません。音楽という商品とそれを生み出したアーティストの魅力を伝えるのが使命なのですから。

自分の名前で仕事をする

フリーランスのライターにとって、記名原稿を書くことは誇りであり喜びです。雑誌はもちろん、自分の名前が記されたライナーノーツを手にしたときは、それはもううれしかったです。世の中には書いても書いても、一生ずっと匿名のまま終わるライターだって山ほどいます。私も一生懸命書いたのに名前が載ることもなく、自分が書いた原稿がそのままコピー&ペーストされていくのを見て虚しい思いをしたことがありました。そのなかにあって音楽ライターのような専門職は、自分の名前で勝負しやすい分野です。

おそらくみなさんには、この人が書くものなら読んでみたいと思える音楽ライターが一人か二人はいるのではないでしょうか。そしておそらくそれはよく目にするというだけでなく、刺さる文章を書いている人だからのはずです。多くの人の目にふれ、信頼される原稿が増えていくことで、ライターはランクアップしていきます。

文責という言葉を聞いたことがありますか？　名前が載るということは「私が責任をもって書きました」という表明でもあります。デジタル化が進むにつれ、プロとアマチュアの境目は曖昧になっています。資格もなく参入しやすいライターは特に玉石混交で、私にだってできると思わせてしまうぶん、ライターに対する読者の目も厳しくなっています。取り繕った原稿を書けば、必ず見透かされてしまうでしょう。

逆に匿名性が高い情報があふれる時代だからこそ、名前で仕事をする面白さもあります。求められているのはあなた自身の言葉です。培ってきた知識と肌感覚を大事に、自分の名前で仕事をしましょう。あなたにしか書けない原稿で誰かを感動させることだってできるのですから。

頼まれたら書いてみる

自分の好きなジャンルやアーティストのことを書くときは、原稿を書くのがさほど苦にならないかもしれません。

でも、好きなことを好きなように書いて食べていけるほど、ライター稼業は甘くありません。レビューを頼まれてライブに足を運んではみたものの、どうもピンとこないという場合もあるでしょう。「今日のギターうまいけど響かなかったな」「メンバーのノリが悪かったね」などと、友達と話すことはありませんか？　悪口ではなく、なんかイマイチだねという感覚はあってしかるべきだと思います。

依頼に対してノーと言う選択肢もありますが、私はよほどのことがないかぎり受けてみます。気に入らないなら、それはなぜなのかを考えて言葉にしてみる。言葉で伝えてみる。そうすることで自分のテリトリーが広がり、音楽ライターとしての深みも増します。だから最低でも最初の十年は、依頼された仕事はなんでも受けてみるぐらいの気概で受けて立つことをお勧めします。

レビューに〇点、レビューに百点

「ミュージック・マガジン」ではレビューする際に点数を付けるのが恒例です。なかでも名物企画

「クロス・レヴュー」で初代編集長の中村とうようさんが容赦なく「〇点」を付けたレビュー」は、いまや伝説的に語り継がれています。一度や二度ではありません。マイケル・ジャクソンの『スリラー』（一九八二年）も〇点でした。

　これに対し、『スリラー』のライナーノーツを担当した音楽評論家の湯川れい子さんは「私にとっては百点」と反論しました。いまでこそマイケル・ジャクソンといえば押しも押されもせぬスーパースターとして評価されていますが、当時は初ソロアルバム『オフ・ザ・ウォール』（一九七九年）が大ヒットしたものの、日本ではまだソロシンガーとしてそこまで知名度がありませんでした。そうした状況下で、ソロ以前のジャクソン5時代にインタビューしたり、アメリカでMTVの反響を体験されていたとはいえ、「ギネスブックの記録を塗り替えるかもしれない」とまで言いきった湯川さんの先見の明には頭が下がります。

　一方、中村とうようさんも決して好き嫌いだけで〇点を付けたわけではなく、「黒人のもっともダラクし果てた姿を見せつけられた気がする。いまの黒人音楽をぼくがキライなのは、こういう手合いがエバっているから（略）一九八〇年という時代にこんなにも安っぽい音楽が作られたことを後世の歴史家のための資料として永久保存しておくべきレコード」（「クロス・レヴュー」「ミュージック・マガジン」一九八三年三月号）と、ブラックミュージックのあり方として評価できないと書いています。

　二人が直接話した際、マイケルはブラックミュージックの歴史を踏襲しながら新しい道を切り開いていこうとしているのよ、と湯川さんは〝お説教〟したのだとか。

とうようさんがアフリカの音楽を好きなのはフィジカルだからでしょう? フィジカルな中にこそ生きてるっていう文化も喜怒哀楽があるからで、マイケルが目指すのもそこなのよ。
(湯川れい子/ぴあ編集部『音楽を愛して、愛されて——ぴあ Special Issue 湯川れい子80th 記念BOOK』ぴあ、二〇一六年、五〇ページ)

この言葉はマイケル・ジャクソンの立ち位置を鮮やかに描き出していると思いませんか? 『スリラー』の評価が定まっていなかったとはいえ、こうして一つの作品に対して全く違う意見が交わされるような状況は最近あまり見かけません。でも本来はそれでいいのだと思います。媒体自体が少なくなってしまったとはいえ、一枚のアルバムに対し、もっとさまざまな場所でレビューされるのが理想なのではないでしょうか。

中村とうようさんはパブリック・エネミーの『パブリック・エネミーII』(一九八八年)にも〇点を付け、その後、メンバーのチャック・Dと対談しました。いまなら外野が面白がって炎上をあおるのかもしれませんが、意見を交わす、そして考える。その姿勢は見習いたいと思います。

また中村とうようさんは決して〇点を乱発したわけではありません。満点を付けた作品も数多くあります。この「満点を付ける覚悟」というのも相当なものだと思いませんか? プリンス&ザ・レヴォリューション『パレード』(一九八六年)、フィッシュボーン『フィッシュボーン』(一九八五年)、サザンオールスターズ『綺麗』(一九八三年)、さらにインドネシアやアフリカなどのいわゆるワールドミュージックと対象も幅広く、毎月さまざまなジャンルのアルバムに耳を傾け、評価していたわけです。

「ミュージック・マガジン」の最近のレビューは十点満点中七、八点が多いような印象を受けます。演奏力や録音技術も向上し、評価に値しない！と言いきるほどの作品は少なくなってきたのかもしれません。他誌で点数制を導入したときも、やはり七、八点が多く、いつの間にか点数制は廃止になってしまいました。

好きなもの、嫌いなものを言葉にまとめてみよう

評価するという作業がいまの時代になじまない、と言う人もいます。かといって、かけっこに順位をつけず全員一位にすることに対して居心地の悪さを感じる人は少なくないはずです。面白くないと思うなら、その理由を明らかにして説得力ある言葉で表現するのも音楽ライターにとって必要なことです。

「好きな音楽を紹介したい！」。おそらくみなさんのモチベーションはそこにあるはずです。お気に入りのアーティスト、バンド、作品を広く知ってもらうために、あんなふうに書こう、こんなふうに表現しようとわくわくしながら、いくらでも書ける自分をイメージしているのではないでしょうか。

でも仕事になると、大好きなものだけを書くというわけにもいきません。推しのアーティストだって、おや？と首を傾げる作品を発表することがあるかもしれないし、そもそも作品もライブも百

点満点！といえるものばかりではありません。そのつど、なぜ好きなのか、あるいは好きになれないのか、日頃から考えて言葉にするクセをつけましょう。

指摘することによって、アーティストのなかには機嫌を損ねる人もいるでしょう。先ほどの『スリラー』の例のようにライターの間で意見が分かれることもあるでしょう。でも確かにあなたの耳で捉えたものであるなら、堂々と言葉にすべきです。こきおろすのとは違う言葉選びもあるはずですから。

その練習も兼ねて、考えたこと、感じたことは言葉にしましょう。今日から買ったアルバム、足を運んだライブについて、ブログでもＳＮＳでもいいので書き始めましょう。「自分はこういう立場からものを感じる傾向があるんだな」と冷静に自分を見つめる作業にもつながるはずです。

人の目にふれるのがいやならこっそり書きためてもかまいません。でも、最終的にはやはり公開しましょう。周囲の友達や知り合いのレコード店の人でもかまいません。誰かに読んでもらってはじめてライターはライターになれるのです。

ＳＮＳで感想を書いたあとに、「私見ですが」「個人的な感想ですが」と必ずひと言付け加えている人を見かけます。炎上を恐れてのことなのかもしれませんが、意見を堂々と述べることを恐れては、小気味いい原稿は書けないと思うのです。

2　インプットするのは音楽だけじゃない

本を読む

二〇二〇年度の「第五十六回学生生活実態調査」によれば、五〇％近い大学生が全く本を読まないそうです。あなたはいかがですか？

知識のために読む、楽しみのために読む。読書の目的がなんであれ、知見を広め語彙を増やすことにつながるのは間違いありません。音楽の知識だけでなく、表現の引き出しを豊かにしておくことは息の長いライターになるために必要だと思います。

私自身、移動中もスマホばかり見ていた時期がありました。顔を上げると車内のほとんどの人がスマホの画面に目を向けています。しかしそうした日々が続くうちに、原稿を書きながら言葉が枯渇しているような感覚に襲われた瞬間がありました。SNSやニュースサイトの言い回しがこれまでの語彙を上塗りしているような感覚といいましょうか。それ以降、必要以上にスマホを見ないようにしています。同じように感じる人が増えてきたのか、最近は以前よりも本を開いている人が増えたようにもみえますが、どうでしょうか。

スマホを見るより本を読むほうがえらい、という話ではありません。SNSはほとんどがいわば素人《しろうと》の投稿。ニュースサイトも無味乾燥な情報を一方的に伝えてきます。「文章上達のためには名文に接し親しむしか道はない」とは『文章読本』（中央公論社、一九七七年）の丸谷才一の言葉です。アナログでもデジタルでもかまいませんが、気持ちがこもった文章、自分の心を震わす文章を読むことでしか、結局、自分の引き出しは豊かになりません。そのいっぱいになった引き出しを開けながら文章をつづる。シンプルですが、これに尽きると思います。

言葉にリズムを

最近気づいたのですが、私の文章はNHKラジオに影響されているところがあるかもしれません。起きてから寝るまで時計がわりに家で流していたラジオ。ダイニングキッチンと呼ぶにはささやかな台所にあったテーブルで、ごはんを食べたり雑誌を読んだりしながら耳にした、アナウンサーが読むニュースや小説の朗読の心地よさは、知らぬ間に自分が紡ぐ日本語のリズムになっていました。

最近は「Audible」といった本を朗読してくれるオーディオブックもあります。有料ではありますが、耳から取り入れた心地いいリズムは、おのずと文体に影響してきます。

映画を観る。芝居を観る。表現にふれよう

若いころは、好きな音楽にこだわるあまり、映画、演劇、バレエ、歌舞伎、落語といったほかの分野をシャットアウトしていた時期がありました。いまとなっては本当にもったいないことをしたと後悔しています。

アーティストをはじめ音楽関係者も、魅力的な人ほど忙しい合間を縫っていろいろなものを観た

り聴いたりしていることに驚かされます。そうした人たちは物事に対する姿勢がしなやかです。料理好きだったり、食べたり飲んだりするのが好きなアーティストが多いのも感性をオープンにしているからではないでしょうか。

表現はどこかで結び合っているものです。例えば一九七〇年代初頭の音楽シーンが生んだ独特のエネルギーは、演劇、アート、音楽が相互に濃厚に影響しあい、交流しあって形作られていった部分が大きいといえます。最近はデジタルの力も借り、当時とはまた異なるコミュニティー感覚をもちながら、ますますしなやかなカルチャー交流が進んでいるように見受けられます。

ですから、受け手側がジャンルという言葉にとらわれ、自分の感性も縛ってしまうのはもったいないことです。もし誘ってくれる友達がいるなら、映画でも芝居でも展覧会でもいい。誘われるがまま足を運んでみましょう。大人になってからおいしさに気づいた食べ物はありませんか？　意外と思い込みや食わず嫌いで損をしていることってあるものです。おいしくない、つまらないと感じたならそれも経験。いろいろな作品にふれるうちに、だんだん自分の傾向も明確になってくるはずです。

足を運ぶのが無理でも、いまは「YouTube」などの動画共有プラットフォームや、「Netflix」などのサブスクがあります。試しにいろいろ観てみましょう。

私は「YouTube」ではいろいろなジャンルを横断的に楽しんでいるのですが、なかでも評論家・タレントの山田五郎が世界の美術を紹介する「オトナの教養講座」が好きです。作品を教科書のように解説するだけでなく画家の人となりにもふれることができて、「こんなふうに音楽を紹介してみたい」と思いながらいつも観ています。ゴッホやドガのような、よく知っていると思っていた画家ほど意外な発見があるのも面白い。番組は、ワダさんという美術や歴史に明るくない若いADに対して説明する体で進められるのですが、ビギナーへの説明の仕方という点でも大いに参考になるところがあります。

伝わってくる文章には「軽《かろ》み」があります。「かろみ」とはなにげない物事をやさしい言葉で表現すること。それでいて深みがあり奥行きがあるのです。評論とは決して難解な言葉を使って理論で圧倒することではありません。ときにユーモアも交え、やさしい言葉でつづるのが私の理想でもあります。そしてたくさんの表現にふれた経験は、「かろみ」を獲得するための柔らかい頭と心も養ってくれるはずです。

音楽の基礎知識を勉強しよう

自分が楽器を弾くわけではなくても、メジャースケール、マイナースケール、各種キーやコードといった音楽理論を知ることは、強みにこそなれ余計なお荷物になることはありません。楽器の名前や特徴、基本的な音楽用語なども勉強しておくことをお勧めします。演奏されたリズムがボサノバなのかサルサなのか、4ビートなのか8ビートなのか、ドラマーがいま叩いたのはハイハットなのかシンバルなのかスネアなのか。知っていると知らないとでは原稿の具体性も変わってきます。「上手《かみて》」「下手《しもて》」といった舞台用語も基本です。野球を取材する人がレフトとライトを知らなかったら原稿になりません。

こうした基本的な知識は、アーティストにインタビューする際にも助けになるはずです。

世界中の音楽を聴いちゃおう！

若いみなさんと話をしていると、びっくりするくらいさまざまなジャンルの音楽を聴いていて感心することがあります。

インターネットの発達でそれだけいろいろな音楽と出合う機会が増えたということでしょう。サブスクや「YouTube」などを使えば世界中の音楽が収集できるわけで、利用しないのはもったいない。国内外のさまざまな音楽をとにかく浴びるように聴く！聴く！聴く！　今年のフジロックに出演するあのバンドはこういう感じなのか、なるほどこの感じをアイリッシュミュージックというのか……と、気になる音楽はつまみ食いでもいいからどんどん聴いてみませんか？　自分の耳で捉えた情報はリアルなものになってみなさんの経験値になるでしょう。

ヒットチャートを読み解くことで見えてくる音楽シーンもあります。私は若いころ、好きなアーティストでも人気が出た途端に興味が失せてしまったりと、流行するものを毛嫌いしていた時期がありました。でも、何万人もの観客を集めたり、息長く活動したりするアーティストには、それだけの理由があるように感じます。なぜ大勢の人からそれだけ支持されるのかを分析した結果、ビジネスによって作られた人気であるという結論に達したならそれも一つです。

そして、チャートという日の当たる世界を探ることで、チャートに反映されずに終わってしまう音楽の存在にも想像を広げることができるのではないでしょうか。

旅をする

韓国へ、イギリスへ、キューバへ、あるいは沖縄へ。あこがれのアーティストの本拠地に行ってみたいと考える人は少なくないでしょう。いつかと思わず、できるだけすぐに出かけたほうがいいと思います。そこに暮らす人と音楽との距離感や町の湿気、匂いなど、「YouTube」では決してわからない、肌で感じた経験は必ず原稿に生かされるはずです。

狭い部屋で聴いたときは平凡な気がしたアメリカで大人気のハードなロックンロールも、アメリカのハイウエーで聴くとこれしかない！と納得します。

ここでいう「旅」とは、場所を変えるという意味です。遠い国ではなく近隣でもいいでしょう。フェスで観るといつものバンドの新しい魅力を発見できるのも「旅」の効用かもしれません。スピーカーの前から離れて、その場所の空気を全身にまとうことはライターの感性にとって必ずプラスになります。

また、別の土地を訪ねることで、音楽を待っている人、あるいは支えている人が誰なのか、暮らしと音楽との距離感を知ることになります。最近、五感が錆び付いているなと感じたなら、なおさら旅に出てみましょう。

最近は出かける前についストリートビューを見てしまいますが、実際に行ってみるとやっぱり自分の目線から見る景色はどこか違う。そこに行き着くまでの音や匂い、すれ違う人、いいところも悪いところも行ってはじめてわかります。そんな肌感覚を忘れないでほしいなと思います。

外国語の勉強をする

外国語は話せたほうがいいですか？と聞かれたら、もちろん答えはイエスです。

海外アーティストやスタッフと直接話せたり、外国語の資料を読めたりすることはプラスになることはあってもマイナスにはなりません。というより、若いときは役に立つか立たないか、損得で測るより、チャンスがあるならなんでもやっちゃいましょう。海外にも日本のポップカルチャーを発信したい！　海外のファンとも交流したい！　そんなときだってありますよね？

インタビューに通訳が同席しても、通訳の人がその分野に精通しているとはかぎらず、ニュアンスなどが伝わりづらい場合もあります。「新譜で特に大事にしたところを教えてください」といった制作物に関する質問は比較的答えを引き出しやすいのですが、心情に一歩踏み込むような会話は第三者を介すとなかなか難しいものです。そういうとき、もっと細やかな会話ができればなと感じることがあります。

中途半端な語学力しかないのであれば、専門家におまかせしたほうが深い話になるのかもしれません。あるライターは、英会話のスキルがあるはずなのに、インタビューのときは通訳にまかせると話していました。どうして？と不思議に思ったのですが、その場に編集者やほかのスタッフが同席している場合、アーティストとの二人だけのやりとりになってしまうので内容が共有できないからというのです。チームワークに目配りが利く姿勢に感心させられました。

ＡＩ翻訳の精度がアップすることによって、外国語のニュースをはじめ、ネット上の資料は以前よりもスピードアップして読めるようになりました。しかし翻訳を専門にする友人いわく、まだまだ完璧とはいえず、いまは翻訳された日本文のチェッカーが求められているとのこと。原稿に引用する場合は原文にあたってみる慎重さも、まだしばらくは必要になりそうです。

私は日本のアーティストにしか興味がないから、外国語なんて関係ないと思う人もいるでしょう。しかし、韓国のポップグループが英語を武器に世界に羽ばたいたように、音楽は昔よりずっと簡単に国境を超える時代です。専門が邦楽中心でも、あなたの好きなアーティストを世界に紹介するためにいつか外国語が役に立つ日がくるかもしれません。

何カ国語も流暢にしゃべれる必要はありませんが、外国語なんて関係ないと避ける必要もないでしょう。言葉は話す人の歴史や文化を映す鏡。ものの考え方や感じ方も映します。〝ことば〟そのものに興味をもつと世界が広がります。

3　文章をブラッシュアップするコツ

文章力は大丈夫？

ライターと名乗るからには、本当にライターなの？と首を傾げられるような文章では恥ずかしい。何より伝わりません。

「体言止め」はほどほどに

インターネット上の情報をコピー&ペーストしているうちに、つぎはぎだらけの味気ない文章になってしまった経験はないでしょうか。それと同様に初心者にありがちなのが、体言止めの連発です。

「待望のセカンド・アルバム。コンセプトは原点回帰。ハーモニーにこだわりを感じる納得のパフォーマンス」

決められた文字数に情報を盛り込もうとして、言葉の羅列になってしまうパターンですね。もちろん体言止めが悪いわけではありません。

「しなやかなボーカルは健在。変わらずシーンを牽引する存在であることを体現している」

といった具合に、リズミカルな文章にするために有効なこともあります。

フリーペーパーで見かけるグルメ情報や広告は「種類も豊富」「昼時は行列必至」といった具合に体言止めが多い印象です。スペースが限られているので仕方ない側面もあるとはいえ、読み物としてはどうしても味気なくなりがちです。こうしたインフォメーションや広告に偏ることなく、できるだけ主語・述語があるしっかりした文章を読んで自分のなかに蓄えていきましょう。

自分らしい文章のリズムをつかむ

音楽と一緒で文章はリズムが大切。その人のなかにあるさまざまなリズムが、そのライターならではの文体を育てていきます。長い一文が特徴の作家もいますが、まずは「できるだけ一文は短めに」を意識してみると主語と述語の混乱もなく、テンポがいい文章が書けるはずです。

書いた文章を点検するには音読がいちばん。自分で読んでみてもいいですし、最近はWordをはじめとするソフトに、入力した文章を音読してくれる機能が付属しています。

インタビューや特集記事のようなまとまった文章は、音声でチェックすると見逃していたテンポの悪さに気づく場合もあります。一度試してみてください。

文から文へリレーさせる

次のような書き出しのレビューを読んでどう思うでしょうか。

「カニエ・ウエストの『Donda』が発表された。実母の名前を冠した作品だ。母親は二〇〇七年に亡くなっている」

やや極端な書き方をしましたが、「起きました。顔を洗いました。ごはんを食べました」といった子どもの絵日記のような文章になることを避けるには、前の文章を受け取りながら書き進めることです。アルバムが出たんだ。Donda って何？　へえ、お母さんの名前なんだ、でもなぜ母親の名前をつけたの？……といった具合に、対話するような気持ちで書いていくと読み手を置いてきぼりにしません。先ほどの例文も「カニエ・ウエストの『Donda』が発表された。Donda とは二〇〇七年に亡くなった彼の母親 Donda West のことだ」とするだけでも、かなりスムーズになりました。

ほかにその名のとおり文と文のリレーに役立つのが、「しかし」「それで」「ところが」「あるいは」といった接続詞。使いすぎるとぎこちない印象になりますが、書き慣れないうちは意識的に取り入れてもいいでしょう。

いまさらと思う人もいるでしょうが、以前ある雑誌でライター選考に立ち会ったときには意外にこの単文タイプが目立ちました。ワープロソフトを使うようになり、手軽に前後を入れ替えることができるようになったのも一因かもしれません。以前、Excel で一つのセルに一文ずつ書いた原稿が送られてきて驚いたこともありました。その方いわく「入れ替えが簡単だから」。理屈はわかりますが、気持ちの流れを追いかけていくような文章には不向きかもしれません。それともこれからこういう書き方も増えていくのでしょうか。

歯切れよく言いきってみよう

「……だと思う」を文末に多用すると歯切れが悪く、全体がぼやけた印象になります。ただその場合でも、一部で「私はそう思う」「僕はこう思う」と主語を打ち出すことで強い主張を感じさせる文章になることもあります。

また「……」(三点リーダ)は多用せず、余韻をもたせたいときにとどめましょう。やはり曖昧で頼りないイメージになるからです。

「すばらしい」「美しい」形容詞に頼らない

「とにかくすばらしいとしか言いようがない」


ライターが感激しているのはわかりますが、何を?どこを?どんなふうに?が前後に説明されていなければ「あぁ、そう」で終わってしまいかねません。

友達と話すときは「すごいんだよ〜、とにかく」「そうなんだ、ギターはどうだった?」と会話のキャッチボールや身ぶり手ぶりで話の輪郭をはっきりさせていくことができるかもしれません。でも読者に対して「わかるでしょ?」というわけにはいきません。

「前作よりも特にボーカルの歌声がいい」とするより、「ボーカルスタイルにさらに磨きがかかり、情感をムリなく表現することができるようになった」と書くことで、読者の想像力を膨らませることができます。

いい、悪い、かっこいい、すごい、美しい。そこから一歩奥へ踏み込むことによって、文章は確実に豊かなものになります。

ただ、ここぞというときはどんなに装飾された文章よりも「これは、ヤバい！」というひと言が作品のパワーを表すことも。そのあたりの匙加減は書き続けるなかでつかむしかありません。

固有名詞は必ずチェック！

「やっと書けた〜！」。締め切り間際だと早く送らなくちゃと焦るものですが、送信する前に必ず見直しましょう。漢字の変換を間違えていたり、思わぬところが抜けていたりすることがあるものです。特に夜中に眠い目をこすりながら仕上げた原稿は危ないですね。恥ずかしながら、おっちょこちょいな私はいまでもたまに失敗します。

音楽関係では、参加したアーティストの名前、作品のタイトル、曲名、リリース年といった情報のチェックも欠かせません。例えばボ・ガンボスなどで活躍してきたキーボードプレーヤーであり、プロデューサーとしても知られる〝キョン〟の表記は、以前は「Kyon」でしたが、現在は「Dr. kyOn」。Oは大文字です。あまりに誤りが多いと、仕事先との信頼関係にも響きます。思い込みで書いてしまわないよう気をつけましょう。

彼は？彼が？――ニュアンスの「てにをは」

文章を書くときの基本中の基本が助詞の「てにをは」。僕は、私は、の「は」にあたる部分で、「も」「が」「で」などもそうですね。助詞ひとつで文章のニュアンスが変わるのが日本語の面白さです。

彼が制作したアルバム。

彼の制作したアルバム。

どちらも使えますが、「彼が制作したアルバムが一位を獲得したのはこれが初めてではない」とすると、「が」の繰り返しがうるさいですね。助詞は文章のリズムにも作用します。いまさらではありますが、この機会にちょっと気にしてみてください。

言葉を調べる

表記に迷ったときは辞書を引く。あるいは辞書アプリや類義語辞典を調べる。やっぱりこれは基本です。

おすすめなのが『記者ハンドブック——新聞用字用語集』(共同通信社)です。新聞記者だけでなく編集者、校正者などマスコミ・出版関係者は常備している一冊。言葉を生業にするなら持っていて損はないと思います。漢字、仮名遣いの基本から、誤りやすい語句、外来語・片仮名用語辞典、外国人名表記など、基本的な表記がひと目でわかります。

「誤りやすい語句の例」から、音楽でもよく使われそうなものをピックアップしてみましょう。

・さわり
「音楽の聞かせどころ、劇や小説などの見せ場、中心、最も興味を引く部分の意。出だし、最初の部分の意味で使うのは誤り」(『記者ハンドブック——新聞用字用語集 第14版』共同通信社、二〇二二年、

四六二ページ）
・ひもとく
「「書物を開く、本を読む」が本来の意。主に過去の事象に対して「振り返る、調べる」の意味で使われる。（略）「魅力をひもとく」などは意味が不明確になるため「解き明かす、調べる」などに言い換える」（同書四六八ページ）

最新の第十四版には「ジェンダー平等への配慮」という項目が加わりました。性の多様性を尊重した記述は今後ますます求められるはず。一度目を通しておきたいところです。

時代とともに変わる音楽用語の人種表現

人種に関する表現なども配慮が必要です。例えば私の専門分野では、アメリカに暮らす黒人をどう呼ぶのかについて折にふれて考えてきました。一九八〇年代以降、公民権運動の活動家ジェシー・ジャクソンの提唱により、アフリカン・アメリカン（アフリカ系アメリカ人）という表記が用いられるようになりました。しかし、アメリカの黒人といってもカリブ海生まれの人もいれば、ヨーロッパや日本で生まれた人もいるわけです。「ニューズウィーク日本版」（二〇二〇年六月二十二日）の記事によれば、ワシントンのメディア「WUSA9」がソーシャルメディアで意見を募ったところ、「ほとんどの人は「黒人」と認識されたいと答え、「アフリカ系アメリカ人」や「有色人種」（people of color）より多かった」と言います。ブラック・ライブズ・マター運動のあとには、人種・民族・文化に関する文脈で黒人を表す場合には black の頭文字を大文字にして「Black」と表記する方針をＡＰ通信が発表しました。

ユニバーサル傘下のレコードレーベル、リパブリックが「今後自社の音楽や部署名に一切アーバンという用語を使わない」と宣言したときには、Ｒ＆Ｂライター関係者がざわめきました。「アーバン」「アーバン・コンテンポラリー」はジャンルではなく、ヒップホップやＲ＆Ｂ、ソウルミュージックなどを包括する音楽を意味する言葉として使われてきました。最優秀アーバン・コンテンポラリー・アルバム賞を、最優秀プログレッシブＲ＆Ｂアルバム賞とするなど、グラミー賞もこれに追随したわけですから、ことは大きくなりました。

一九四〇年代にリズム＆ブルースが誕生するまで、黒人が演奏する音楽は白人のそれと区別する意味でレイスミュージックと呼ばれ、商業的にも分けられていました。レイス（race）とは人種という意味です。六〇年代には公民権運動の高まりに合わせてソウルミュージックという呼び方も定着しました。そのあとに生まれた名前がＲ＆Ｂ、アーバンです。このように、ブラックミュージックの呼び名は社会と関わり合いながら変化してきました。

しかし、呼び方がソウルだろうとアーバンだろうと、アーティストの表現には関係がないことだともいえます。制作側が政治的に中立な立場、言い換えれば波風が立たない表現を選んでいるだけだと、肌の色で音楽ジャンルが縛られることに苦言を呈するアーティストがいるのもわかります。

異なる文化については百パーセント理解しきれない問題も多々ありますが、今回は音楽ライターとして、また普段ブラックミュージックを聴いている一人としてなにげなく使ってきた音楽用語についてあらためて考える機会になりました。ブラックミュージックだけでなく、音楽用語の背景やその意味を考えてみることは、特に言葉を扱うライターにとって無駄ではないでしょう。

音楽の世界はジャンルの呼び方一つとっても次々に新たな言葉が登場します。最近盛んに言われる「シティポップ」も、誰にでも納得できるように定義を説明できる人は少ないのではないでしょうか。『シティポップとは何か』（柴崎祐二編著、河出書房新社、二〇二二年）、『「シティポップの基本」がこの100枚でわかる！』（栗本斉、〔星海社新書〕、星海社、二〇二二年）といった本が出版されているのも、どうもしっくりこない人が多いからでしょう。アーティストの思惑とは関係なく生まれたこうした言葉は、自分のなかで見解をもってから使うべきでしょう。

居心地の悪い表現に敏感になろう

インターネットにあふれる食レポやコスメの紹介に居心地の悪さを感じることがありませんか？「逸品です」「試してみては」「おすすめです！」といったなんとなく収まりがいい表現で締めくくられることが多いからでしょうか。「リピ決定」「コスパ最強です」といった略語を使ったお決まりのフレーズがちりばめられたコメントも苦手です。素人の口コミの場合はそこまで厳密な表現を求められるわけではありませんが、プロのライターを名乗るならくれぐれもそれっぽい表現でお茶を濁すようなことがないようにしたいものです。

お決まりのフレーズついでにいうと、略語もほどほどにしたいところ。最たるものは名前です。

伝説的なブルースマン、ロバート・ジョンソンの名前をロバジョンと略すのは、佐藤太郎さんをサトタロと勝手に呼ぶようなもの。友人との会話ならまだしも、原稿上ではＮＧだと思います。一つひとつ検証することはできませんが、この略し方はどうも居心地が悪いなと思える感性は必要でしょう。

ガイドブックのようにたくさんのレビューを書くときには、締め切りまでにスピード感をもって原稿を仕上げなければなりません。まとめることに気をとられて同じような言い回しが増えてしまうこともありますが、どうもしっくりこないなと気づくアンテナを日頃から張っていれば修正はできます。

書き出しで読み手をつかもう！

ちょっと難しい話になってしまいましたが、まずは書き始めること。それが第一であることに変わりはありません。

書きたい気持ちはあるんだけど、どうもうまく書けないと筆が止まっているなら、好きなライターの文章をまねてみるといいでしょう。私も最初はそうでした。いざレビューを書きなさいと言われたとき、はて何か流儀があるのだろうかと、先輩ライターのみなさんの原稿にひととおり目を通してみたものです。

もちろん必要な情報さえ押さえていれば、原稿の書き方に正解はありません。数をこなすうちに自分らしいまとめ方もわかってくるでしょう。そしていまでも私が悩むのは、結局のところどのように書き出して、どんなふうに締めくくるかです。小説もエッセーも音楽に関する原稿もどのつまり、ここで決まるのは変わりません。

とりわけ書き出しです。「ブルーノ・マーズの公演に行ってきた」より「ときめきの止まらない二時間だった」のほうが、何だって?、それで?と振り向かせる力がありますよね。たとえ四百字という短い文字数のなかでも、読み手をがっちりつかむイントロとエンディングは必ずあるはずです。いろいろな記事を読むときも規定の文字数のなかに的確に情報を収めながら、「うまいな」と感じさせる原稿であるかどうかを意識してみてください。

第4章 私が音楽ライターになるまで／なってから

第4章では、私がどうやってライターになったのか、またライターになってから音楽とどのように関わってきたのかをお話ししましょう。多感な十代を過ごしたのは一九七〇年代。いまの時代にそのまま当てはまらないエピソードもありますが、勉強より音楽が第一だった青春時代に共感を覚えてくれる方もいると信じて、ちょっと自分語りをしてみます。

1　私の得意分野

ブルースを基本に

私の専門はルーツミュージック、最近ではアメリカーナと呼ばれたりもしますが、なかでもブルースやR&B、ソウルミュージックといったブラックミュージックです。黒人の暮らしから生まれたブルースはローリング・ストーンズやエリック・クラプトンらに大きな影響を与えていることから、海外のロックバンドを通じて深入りする人も多いのですが、私の場合は日本のフォークソングやロックがきっかけでした。

日本のシーンがあったからこそいま、私はここにいます。それもあって、いまも国内アーティストやライブシーンの紹介には情熱を注いでいます。

レギュラーで書いている専門誌「ブルース&ソウル・レコーズ」で、女性ライターはほぼ私一人です。しかし決してブラックミュージックの分野で活躍する女性ライターがいないわけではありません。ヒップホップやR&Bということであれば造詣が深いライターもいるし、海外に拠点を置いて情報を発信している人や翻訳・通訳などで活躍している人もいます。ただブルースをベースに定期的に執筆するライターとなると限られてくるようです。

ブルースに引かれた理由を探して

女性ライターが珍しいせいもあるのでしょうか。どうしてブルースを聴いているんですか？と尋ねられることも少なくありません。

でも、いつもはぐらかすような答えになってしまいます。どうして？の答えを探してライターを続けているところもあるからです。

「ブルースはハードロックよりもハードで、パンクロックよりもパンクで、フリージャズよりもフリー」とはシンガーでギタリストの近藤房之助さんの言葉ですが、私もかつて、ほかのどんな音楽もブルースには勝てない！と信じていた時期がありました。形容したくても形容する言葉を持ち合わせていない、なんじゃ？これは、という魔の沼にはまってしまったわけです。ブラックカルチャーから受けた影響は、ものの見方や考え方にまで及びます。全く別のルーツをもつ音楽になぜ引かれるのか。その答えは自分のなかに何か引き合う要素があるような気がしているからです。

二〇二〇年の人種差別撤廃運動、ブラック・ライブズ・マターを覚えている人もいるでしょう。賛否両論あるこの運動について自分なりの見解をまとめたいと思い、さまざまな本を読み、声に耳を傾けたものの、まだ自分の言葉で語るには至っていません。

またアメリカのポピュラー音楽の黎明期に迫ったドキュメンタリー『アメリカン・エピック』四部作（監督：バーナード・マクマホン、二〇二二年）を観てからは、ブルースに限らず、カントリーミュージックやハワイアンなどを含めて、引かれてやまない、あらゆるアメリカン・ルーツミュージックもさらに掘り下げていかなければと、その思いをますます強くしています。

そして、私にとって大切なもう一つのテーマが「ニッポンのブルース」。当初は欧米のカバーから出発した日本のブルースですが、現在、国内のブルースフェスティバルの出演者を見渡しても、英語で原曲を歌うアーティストは少なくなりました。ブルースのビートに日本語の歌詞を乗せたり、ブラックミュージックの世界観にインスパイアされた歌詞だったりと、オリジナルが中心です。フォークソングやロック、戦前ジャズ、歌謡曲をはじめ、さまざまな音楽が小川のように注ぎ込むうちに、日本独自のブルース（ブルース的な感覚の音楽と呼んだほうがいいかもしれません）が育ってきた印象を受けます。

日本語のフォークソングやロックから影響を受けた私自身の体験も踏まえて、いつかニッポンのブルースについて一冊の本にまとめてみたい、というか書かなければ終われないと思っています。そんなわけで「どうしてブルース？」という思いは、私にとって音楽ライターとして筆をおくことができない理由の一つです。

2　子どものころの音楽体験

アメリカにあこがれた一九六〇年代

それでは最初に、音楽ライターになる前哨戦として私がブルースに出合うまでの話にお付き合いください。一人の女の子の人生からみる一九六〇―七〇年代史のような感じで捉えていただければ。

私が育った一九六〇年代はいわゆる高度経済成長期。音楽、テレビドラマ、食、生活様式やファッションに至るまでおのずと欧米文化の影響を受けてきました。追いつけ追い越せの精神で、家電製品や新素材が次々に暮らしに流れ込んできた時代。両親も未来を夢見ていたのでしょう。わが家は繁華街の駅前にある雑居ビルの四階で、トイレは共同、お風呂さえない、いまでいうところのワンルームにもかかわらず、テーブルと椅子を置いた洋風の生活をして、テレビ、冷蔵庫に囲まれて大きくなりました。

幼稚園のころでしょうか。レコードプレーヤーでアニメのフォノシートをかけてはツイストもどきを踊っていたのを覚えています。特にお気に入りだったのは『科学冒険まんがＪＱ』（ＴＢＳ系、一九六五年）のテーマソング「Ｊ.Ｑ.」。大人になってから聴き直したら、ベンチャーズ風のアレンジが施された確かにノリがいいナンバーでした。製作が『トムとジェリー』や『チキチキマシン猛レース』を生んだハンナ・バーベラ・プロダクションだったことにも驚きました。同世代で、この会社の作品からアメリカンポップカルチャーを吸収した人は少なくないはずです。

十歳ぐらい年上の先輩たちが、ベンチャーズやビートルズ、ローリング・ストーンズに衝撃を受けたのも一九六〇年代半ば。さすがに私は縁がありませんでしたが、彼らに影響を受けたエレキバンド、いわゆるグループサウンズ（ＧＳ）をテレビで観て、誰それがかっこいい、みたいな話はしていました。

近所には繰り返し繰り返し同じレコードをかけているお兄さんがいました。大音量で聞こえていたのは、いま思えばデイブ・ブルーベック・カルテットの「テイク・ファイブ」（一九五九年）、そしてペレス・プラード楽団の「マンボ№５」（一九四九年）。小学一年生のころよく遊んでくれた五年生のお姉さんが歌ってくれたのは、フォークグループ、ピーター・ポール＆マリーの「虹と共に消えた恋」（一九六二年）でした。

欧米に追いつけ追い越せの時代で、洋楽に対するあこがれもいま以上だったころの話です。

思えばインターネットやスマホが普及する前は、一台のテレビが歌謡曲からロック、映画音楽まで、古今東西さまざまな音楽に出合わせてくれたものです。

「YouTube」で一九六〇年代の『ＮＨＫ紅白歌合戦』を観て驚いたのは洋楽ベースの曲の多さ。頭ではわかっていましたが、こうしてみると老若男女がこたつを囲んでごく自然に〝洋楽エッセンス〟を楽しんでいたことを実感します。アメリカの『エド・サリヴァン・ショー』に出演した雪村いづみ、ニューポート・ジャズ・フェスティバルにゲストで招かれた弘田三枝子をはじめ歌唱力も圧巻。誰が聴いてもうまいなと思わせるだけの力がありました。

プロの作曲家や編曲家も洋楽から受けた影響は大きく、歌謡曲を楽しみながらいつの間にかエッセンスを浴びていたのでしょう。数えきれないほどのヒットを生み出し、いまも世代を超えて支持される歌謡ポップスの巨匠・筒美京平もこの時代を代表する一人。同級生みんなが洋楽を聴いていたわけではありませんが、いまよりも洋楽と邦楽の境界線を行き来するハードルが低かったのは間違いありません。

小学校のころ友達とディスクジョッキーごっこをしていたときも、ローリング・ストーンズあり、フレンチポップスのフランソワーズ・アルディあり、日本のバンド、チューリップありと、とにかく耳から入ってきた音楽を何も考えずに選曲して放出している状態でした。

3　一九七〇年代、ロックとの出合い

ラジオから聞こえてきたロック

歌謡曲やクラシック以外の音楽を意識したのは一九七二年、小学校五年生のとき。きっかけは父

親が買ってくれたラジオでした。教育熱心な父は受験講座でも聞いて勉強するようにと考えていたのでしょう。でもフィルタリングができるわけでもなし、トーク番組から音楽専門番組まで毎晩が冒険で、サバンナに子どもを放り出したようなものでした。

そんなある日、うわ!、なんだ、これは!と心を奪われたのがT・レックスの「テレグラム・サム」（一九七二年）やオズモンズ「クレイジーホース」（一九七二年）。いつ聴けるかわかりませんから、ますますラジオにかじりつくようになり、寝る間も惜しんでラジオ三昧になっていきました。

一九七〇年代初めは若者とラジオの距離がとても近かった時代で、深夜放送全盛期です。フォーク、ロック系の番組を片っ端からチェックするようになり、その流れで大瀧詠一のラジオ番組『ゴー・ゴー・ナイアガラ』（ラジオ関東―TBSラジオ、一九七五―八三年）に出合い、さらには在日アメリカ軍放送FEN（現AFN）のロック系番組なども聴くように。

恵まれていたなと思うのは、いまほどジャンルが細分化されていなかった点です。「明星」（集英社）、「平凡」（平凡出版―マガジンハウス）といったアイドル雑誌の付録だった通称「歌本（うたぼん）」と呼ばれるコード譜付きの歌詞集には、洋楽も邦楽も分け隔てなく載っていました。英語か日本語かという障壁はなく、ただかっこいい歌、いい歌を聴いてみたいという気持ちで片っ端から名前を記憶していきました。

フォークソング――もっと自由に

フォークソングを聴いて自分でもギターを持ったのは小学校六年生のとき。最初は流行のフォークソングを弾いていましたが、やがてそれでは飽き足らず、もっと土くさい歌やプロテストソングを聴くようになり、どんどん深みにはまっていきました。

いまでもよく覚えているのは、「下から見上げる世界ってあるんだな」と思ったこと。親から期待されるような勉強もできてみんなの上に立つイイ子はやめよう。おませだった私は音楽に限らず文学でも退廃、アウトロー、裏道、孤独といった世界に陶酔していました。家出したわけじゃなし、不良になったわけでもない。よくある思春期の病だねと笑うかもしれませんが、音楽はそこまで人生に介入するパワーがある。それを身をもって体験したことは、音楽の仕事を続けるうえでも無駄ではなかったと思います。

最近、ベテランフォークシンガーの大塚まさじさんのライブで「男らしいってわかるかい」（一九七一年）を聴きながら、中学生のころこの曲を歌ったことがあったなぁと思い出しました。ボブ・ディランの「アイ・シャル・ビー・リリースト」（一九六八年）の日本語解釈であるこの曲には、「その日こそ自由になるんだ」というフレーズがあります。はて、あのころの私は何から自由になろうとして歌っていたんだろう。何がわかっていたんだろうと、そのことを大塚さんに話したら「その年齢なりの自由を歌えばいいんじゃないですか？」と言われ、はっとしました。自由でいたい。これはこの年齢になってもというより、年を重ねるほどますます私のなかで大きくなっていく欲求です。

思春期のころに聴いた音楽が私たちの音楽の好みに最も重要な影響を与えるとよく耳にします。中学生から高校生にかけて感じたことは、ぐちゃぐちゃだったとしても、知ったかぶりの塊だったとしても大事にしていいんじゃないかな。そう思います。

日本のロックのレコードが次々にリリース

運がよかったのか悪かったのか、そんな多感な中学生時代を過ごした一九七五年前後は、国内ロックバンドのデビュー作のリリースが相次いだ時期でもありました。山下達郎が率いたシュガー・ベイブ、細野晴臣、松任谷正隆らによる職人集団ティン・パン・アレー、四人囃子、クリエイション、憂歌団、ウエスト・ロード・ブルース・バンドなど、聴けるものは片っ端から聴いていきました。

ほとんどのアーティストが洋楽の影響を強く受けていたため、彼らの演奏からブルースをはじめとするルーツミュージックに出合うのは自然なことでしたが、直接のきっかけは鈴木茂とハックルバックでした。鈴木茂さんといえば、はっぴいえんどのギタリストとして知られていますが、このハックルバックは関西のバンドがベース。ステージではキーボードの佐藤博さんがブルースを歌っていました。それでオリジナルも聴いてみようと思ったのが最初です。

くしくも日本で初めてのブルースフェスティバルが開催されたのが一九七四年。海外に行かなければ観ることができないレジェンドが来日し、二、三年という短い期間ではありましたが若者なら猫も杓子もブルースという時代があったんです。ブルースだけでなく、ソウルミュージック、ファンクあるいはディスコが話題になり、アメリカンルーツミュージックに影響を受けたアメリカのロックバンド、リトル・フィートらがリアルタイムで活躍していた時代でもあります。日本でも影響されたアーティストは多く、この手のサウンドを聴いてみようと思うのはごく自然な流れでした。

4　寝ても覚めても音楽だった十代

雑誌のパワー

こうした時代の空気をビビッドに伝え、私の好奇心を刺激してくれたのが雑誌とラジオでした。「ニュー・ミュージック・マガジン」（現在の「ミュージック・マガジン」）にはブルースフェスティバルや新進気鋭のバンドに関する丁寧なレポートが掲載されていました。なかにはまだレコードがリリースされていないバンドもいたし、それは「ライトミュージック」（ヤマハ音楽振興会）、「新譜ジャーナル」（自由国民社）をはじめ、ほかの雑誌をめくっても同じでした。国内のアーティストにしてもいわゆるタイアップではなく、元気があるバンド、かっこいい音楽を紹介していこうとするパワーがありました。厳しいひと言が書いてあることもありましたが、それもシーンを活性化していこうとする志あってのことだったと思います。

こうしたさまざまな雑誌を読んで影響を受けてきたからこそ、音楽雑誌や音楽ライターの役割を信じられるのかもしれません。原稿の力を信頼すること。これも音楽ライターに必要な条件だと思います。

ラジオもまた一九八〇年代になってＭＴＶが登場するまで、その役割は非常に大きなものでした。

特に毎週のように放送されるスタジオライブやコンサートの収録は、さまざまな生きた音楽を経験させてくれました。コロナ禍で配信が始まったとき、「あ！　スタジオライブのことか」とすぐ合点がいったものです。

聴覚に直接訴え、生活のなかに直に音楽が流れ込むのを手伝うという意味で、ラジオはいまも「YouTube」ともまた別の役割を果たすことができるのではないかと思います。ポッドキャストを含め、音楽ライターにできる仕事はまだありそうです。

家出してでも行きたかったコンサート

雑誌やラジオで生演奏のすごさにノックアウトされてから、この身で体験したい＝ライブに行きたいと願うまでに時間はかかりませんでした。

オノ・ヨーコも参加し、三十組以上の日本のバンドが出演したのが、一九七四年八月に福島県郡山市で開かれたワンステップフェスティバル。「日本版ウッドストック」という触れ込みに、行かなければ！と思ったものの、中学生の私にはお金もなく家出する勇気もなく断念しました。当時はまだ東北新幹線も開通しておらず、郡山はとても遠い街でした。

そもそも首都圏とはいえ関東の片田舎に暮らしていた私にとって、ライブ（コンサート）は決して身近なものではありませんでした。そのぶん、親に頼み込んで足を運んだ一つひとつのライブがいまでは大きな財産になっています。夕方には帰ると約束しながら途中で帰ることなどできるわけもなく、帰りが遅くなって親にこっぴどく叱られたり、成績が下がったことで大切なコレクションを捨てられたりもしました。定期試験が気になって自分自身でセーブしたところもあります。でもいまとなっては、親に反抗してでも家出する覚悟で、もっと行けばよかったなと思います。

「YouTube」であのころ体験したライブ音源をたまたま見つけると、あぁ、あのころは身体全体で音楽を聴いていたなぁとみずみずしさが蘇ってきます。息をこらし、一挙手一投足も見逃すまい、一つの音も聴き逃すまい。そんな気持ちでステージに相対していた気がします。

もう半世紀近くもライブを観てワーとかキャーとか言ってるんだなと気づいたら、なんだかおかしい。でも体力や気力のせいなのか、余計な知識がじゃましているのかわかりませんが、残念ながらあの一途さは呼び戻したくても戻せないでいます。箸が転がってもおかしい年頃といいますが、電車のなかで笑い転げている女子高生を見かけると、うらやましい気持ちになるのもそのせいでしょう。こうした、ある種の思い込みと熱量はやっぱり若いときの特権だと思います。いま、ライブに夢中になっているみなさんは悔いがないよう燃焼してください。音楽ライターになったとき、客席で観たもの、感じたことは必ず生きてきます。

忌野清志郎の付き人としてこの世界に入り、いまも活躍するギタリストの三宅伸治さんは高校の修学旅行をさぼって、来日した伝説のブルースマンのコンサートを観にいったそうです。「私は歌手になって世界中を回りたい」と小学校の卒業アルバムに書いたシーナ&ロケッツのボーカル、シーナさんは中学三年生のときに音楽を求めて福岡から上京。これを皮切りに家出を繰り返し、高校生のときにバンド、サンハウスの鮎川誠さんと出会ったことが、のちのシーナ&ロケッツへとつながります。私には家を出るほどの勇気はありませんでしたが、いまそのときにしか経験できない音楽への熱い思いはとてもよくわかります。親に怒鳴られても私には守りたいものがありました。音楽で仕事をしていくとは、心のどこかにその情熱を保ち続けるということでもあります。

百枚のレコードより一回のライブ

「百枚のレコードより一回のライブ」という言葉が好きです。できるだけ現場に足を運んでください。いつもヘッドホンでしか音楽を聴いていていない人は一度、オープンエアの音響のなかに身を置いてみてください。音楽ライターであるという以上に、音楽ファンとしてその瞬間を全身で感じる体験を大切にしてほしいのです。

悪い子になれとは言いませんが、みなさんには、できるだけ同時代の空気を吸ってほしいと思います。特にライブはそのときでなければ体験できません。配信やブルーレイでいいのでは？と首を傾げる人もいるようですが、それらはカメラや制作者のフィルターを通した作品であって、ライブ体験とは別物です。例えばバンドメンバーが五人いたとします。カメラマンやスタッフは曲に合わせてソロパートの人を中心に撮影したり編集したりするかもしれません。でもライブなら、あなたがベースばかり見ていようと自由です。あなた自身がライブのどこに視点を置き、何を感じるのか。とりわけ音楽ライターを目指すなら自分の〝眼〟をもつことを意識してください。

ライブに行くのはまさに瞬間を感じるということです。音響、照明、お客さんの反応、バンドの一挙手一投足、それらをひっくるめて身体全体で感じる体験、それがライブです。

レコード、ＣＤなどに記録されたすばらしい作品はたくさんありますが、決してそれがすべてではありません。特に一九七〇年代のまだレコーディングに慣れていないころのバンドのスタジオ盤は、ライブでの魅力を伝えきれていない作品も多く、がっかりすることもありました。しかしライブにふれていない人にとっては、後世に伝わるそのレコードが判断材料になってしまうでしょう。

ブルースのアイコンとして語られることが多いロバート・ジョンソンは、一九三〇年代に十字路で悪魔と取り引きして超人的なギターテクニックを手に入れたとされるクロスロード伝説で知られます。残された録音は二十九曲だけ。伝説が独り歩きしているぶん、どんなライブをおこなっていたのか、またどんな人物だったのかについて興味は尽きません。

作品として残されたレコードをじっくり聴いて紹介するのは音楽ライターの大切な仕事です。同時に、音盤以外のそのアーティストに思いを馳せ、リスナーの想像力にプラスする作業も忘れてはいけないと思っています。

「女の子にはわからないよ」が引き金に

さて、話はまた学生時代に戻ります。高校時代はうなされたように、寝ても覚めてもブルースのことばかり考えていました。

大人でも子どもでもない十代はいろいろ悩み多き時期ではありますが、いま思えば一途に突っ走ることが許される年頃でした。お金はないけれど時間だけはたくさんあったし、ムダに行動力もありました。修学旅行で訪れた京都ではグループ行動をいいことに友達を説得してブルース喫茶（バー）でお茶を飲んだり、アポなしでブルース専門誌の編集部を訪ねたりしたこともありました。しかし、どこもこの珍客にいやな顔をせず受け入れてくれ、ポスターやレコードをおみやげに持たせてくれたりしたものです。

高校生になった私は東京に出るたびにブルースを聴かせるお店に出入りするようになりました。といっても昼間が中心。お酒やタバコで背伸びするわけでもなく、ただウイスキーの残り香がうっすら漂う、昼でも薄暗いバーの隅っこに友達と座っていました。アイスコーヒーを初めて飲んだのもこのときです。たまに流れているレコードについて質問したりして、お酒ではなくむしろ大人の世界の仲間入りをした気分のほうに酔いしれていました。

でも周囲の大人たちは、気の迷いぐらいにしか思っていなかったのでしょう。「彼氏ができたらブルースなんか聴かなくなるよ」とからかわれ友達と顔を見合わせては愛想笑いでその場をやり過ごしていましたが、「女の子にはブルースはわからないよ」、このひと言は私の負けず嫌いに火をつけました。

そんなはずはない！　間違いなくブルースに夢中な私の気持ちを知ってほしい！

ブルースの専門誌に初めて投稿したのはそのころです。もっと初心者にわかりやすい内容を！日本のバンドも応援してほしい！――いま読むと、思いが先走る稚拙な投稿で、穴に入ったくらいでは隠しきれない恥ずかしさ。鋼のように力が入った文章です。しかし面白がって手紙をくれる人も現れました（当時の投稿には住所が掲載されていた！）。そのなかにはいまも交流があるライターがいます。珍しいシングル盤の音源をカセットテープに入れて送ってくれた人もいました。この噴き出した情熱がきっかけで私の音楽の世界が広がったことは間違いありません。

音楽は年上の人とも年下の人とも距離を縮めてくれます。仮に疎外感を味わったとしても、それをバネに知識を蓄えていけばいいのですから。

大人の私たちには経験してきた音楽を伝える義務があり、若い人たちには受け取る権利があります。逆に大人も昔の経験にばかりとらわれず、時代を担う若い人たちのビビッドな感性を注入していきたいものです。そしてその仲介役をするのもまたメディアに関わる者の役目かもしれません。

音楽の仕事はしたいけれど

あれは高校二年生のときでした。進路はどうするんだと尋ねる担任に「将来はブルースビルを建てます」と私は真顔で答えました。バーやスタジオが一棟に入ったジャズビルが京都にあると耳にしてあこがれていたからですが、ブルース熱もここまでくると相当重症です。残念ながらもちろんいまも夢はかなえられていません。

そんなあんばいなので、音楽の仕事にぼんやりとしたあこがれはあっても、コンサート制作もいいな、レコード会社はどうだろう、バンドもやってみたいな……と、音楽ライターを目指そう！とそこまでの決意はまだなかったように思います。

そもそも当時は音楽ライターという呼び名はなく、雑誌に書いたりメディアに出演したりするような人は「音楽評論家」と呼ばれていました。ちょっとハードルが高い感じがしませんか？　少なくとも高校生がすぐになれる仕事には思えませんでした。幼稚園のころから日記をつけ始め、ずっと作文や感想文の類いは好きでした。でも書く職業で思いつくのは小説家や詩人、脚本家くらい。

「ブルースの魅力を広く伝えたい」「ビギナーにも女の子にもわかりやすく紹介したい」――強い思いがのちにライターになるための原動力になったのは間違いないのですが、書くことはあくまでブルースを広めるための一つの手段。それ以上にブルースを知りたいという気持ちが先立ちました。進学先を決めるとき、英語の先生に「黒人文学を学べる大学はありませんか？」と相談したこともあります。結局、当時は適当な学校が見つからなかったのですが、研究職のような本に囲まれた環境へのあこがれもありました。

「写真を見て誰だかわかりますか？」

高校は女子ばかりの進学校でした。しかし卒業生は九九％進学する環境のなかで、成績は当然のようにただ下がり。親からのプレッシャーをはねのけるように一刻も早く音楽の現場に出てみたいという思いが募っていた私は、編集を学ぶ専門学校の相談室を訪ねました。小部屋に通された私は「ブルースの本が作りたいんです」と、いかに情熱があるのかを自信満々にまくしたてました。ビギナー向けに雑誌が作りたい、誰にでもわかりやすくブルースを伝えたいといった話をしたような気がします。

そんな私の夢のような話に黙って耳を傾けていた女性スタッフは、落ち着いた声でこう言いました。

「ミュージシャンの写真を見て誰が誰だかわかりますか？　それがわからないようだと編集はできませんよ」

どうぞ入学してくださいと言われると信じていた私は、返す言葉もありませんでした。ブルースは好きだけれど、どんなミュージシャンだってどんとこいですよと胸を張れるほどではありません。「何と言われようと作りたいんです！」とはね返すほどの強さもなく、その日はすごすご引き下がりました。

結局、私は大学に進みます。そしてたまたま見つけたチラシで、ブルースやソウルが好きな人たちが学校の枠を超えて集まるサークルにも入りました。そのサークルは楽器をプレイする人が多く、しかも都内でも指折りのかっこいいソウルやブルースのバンドばかり。部室代わりのソウルバーでは豊かな音楽知識が飛び交って、プライドだけでやってきた私は、表向きはタバコなんか吸って精いっぱいクールを装っていましたが、心のなかでは目を白黒させていました。当時のメンバーには、いまもアーティストとして活躍していたり、ミュージックバーのオーナーをしていたり、プロフェッショナルでなくても演奏を続けていたりと、何らかのかたちで音楽に携わっている人が少なくありません。

5　できることからやってみる

ステップになったミニコミ制作

刺激的な会話に交ぜてもらいながら楽しい日々を送る一方で、うまくブルースが歌えるわけでもなければ、知識も中途半端な自分に私は限界を感じていました。

音楽の仕事がしたい、ブルースをもっと伝えたいとかなんとか言っても結局口先だけ。このままだと何の結果も残せずあっという間に四年間が過ぎてしまうだろう……。

そこでようやくわかったのは、私はこれがやりたいんです！と手を挙げなければ誰も気づいてくれないんだということでした。そう、いくら心で願っていたって、どんなにすばらしい計画を温めていたって「やります！」と言わなければみんな振り向いてくれません。

ではどうやって手を挙げるか。私が選んだのは、自前でメディアをもつことでした。

「ミニコミが作りたいんです！」とサークルのメンバーにもお手伝いをお願いして誕生したのが「マディ・ボトム」という小冊子。B５判二十ページくらい。まだパソコンどころかワードプロセッサーも普及していない時代のことで、オール手書きです。製本代を節約しようとして印刷だけを注文し、まだインクの香りがする紙を勉強部屋の床に並べてステープラーで留めた光景はいまでも覚えています。

ありがたいことにレコード店に置いてもらうとそこそこ噂になり、確か二号目からは地方のレコード店にも納品しました。音楽雑誌にも紹介していただき、注文も入るようになりました。

三号目あたりからはほぼ一人で編集・制作を担当していました。企画を決め、原稿を発注し、送られてきた原稿を先が針のように細いデザイン用のロットリングペンを使い、三ミリマスの用紙に書いていきます。台紙に写真と手書き原稿をレイアウトして貼り付け、同人誌専門の印刷会社に入稿。そのころはさすがに製本もお願いしていましたから、印刷が上がれば梱包して発送です。都内

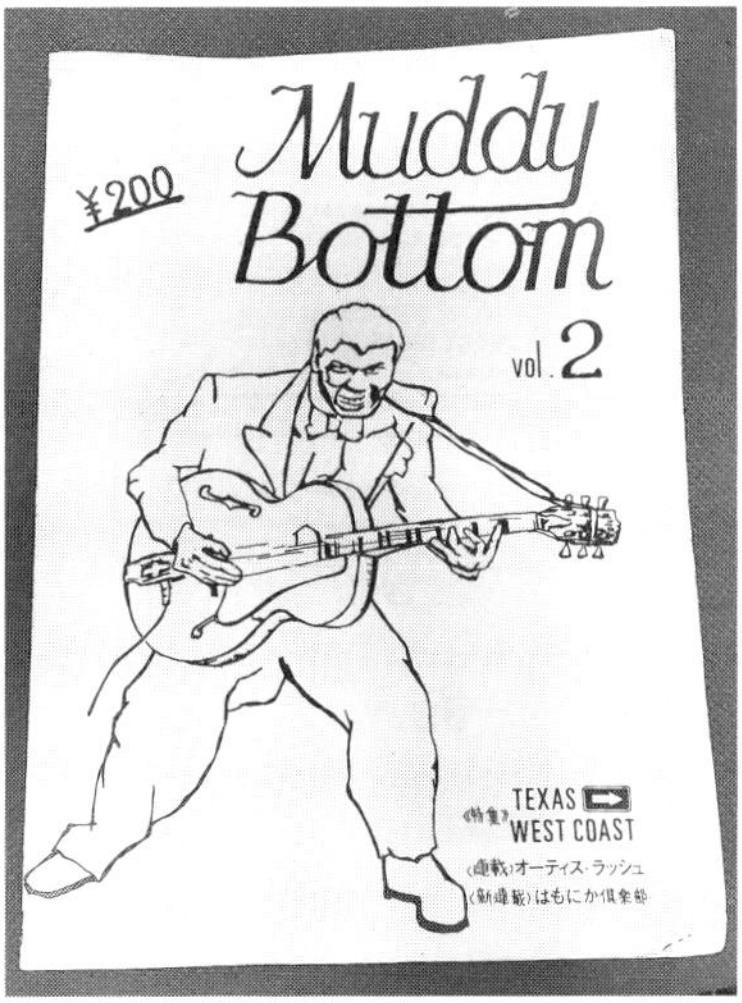

学生のときに作った冊子「マディ・ボトム」

のレコード店にはカートを引いて納品に行きました。納品書・請求書を書いて、残部を引き取りに行くときには領収書を書いてと、そんな事務作業を覚えたのもこのときです。

「マディ・ボトム」には、特集に合わせたカセットテープをプレゼントするというサービスもありました。先輩たちがコレクションからセレクトして編集してくれた、いわゆるコンピレーションのカセットテープを希望者にコピーして送るのです。だんだん希望者が増えて手作業にも限界が生じたため、高速ダビングができるダブルカセットデッキを買ったことを覚えています。

コレクションをベースに知識を紹介するところから始まるミニコミもありますが、私の場合は編集しながら知識を蓄えていきました。ですから、もしまだ私なんてと思っている人がいるなら、まず一歩を踏み出してみてください。情熱を認め、協力してくれる人は自然に増えていくはずです。「女の子は聴かなくなるよ」の悔しさをバネに、女性シンガー特集と合わせて女性ブルースファンへのアンケートを実施したのもいい思い出です。我ながらよくあんな実行力があったものだと驚きます。

「マディ・ボトム」自体は七号までで終わってしまいました。本当に小さなメディアでしたが、い

１枚のレコードで世界が広がる....
TEXAS RHYTHM & BLUES
(A)1.DONALD HACK HOOKER /Love Me Pretty Baby 2.All ... 3.PREACHER STEVENS /Whoopin' & Hollerin' 4.... HOOKER /All Alone 5.QUINN KIMBLE /Blue Memories 6.... My Broba (B)1.MELVIN DANIELS with KING CURTIS BAND / I'll Be There 2.If You Don't Want My Lovin' 3.Boogie ... The Moonlight 4.Hey Hey Little Girl 5.CLARENCE GREEN ... GARLOW /Crawfishin' 6.Route "90"
■ナウなホンカーKing Curtis
■Garlowのギターはラファイエット流
■16才の早熟ギタリストcal green
-6-
-7-

「マディ・ボトム」は20ページ前後で、オール手書きでした

までも大事に保管していますよと声をかけてくださる人がいますし、私自身も手紙をくれた人のなかには名前や住んでいる場所まで覚えている人が何人もいます。何より当時培った関係には得がたいものがあります。パイの小さな世界だからこそなのかもしれませんが、学生時代のサークルでの出会いも含め、若いときに一緒に情熱を傾けた人とのつながりは、きっと十年、二十年後に大きな財産だったと気づくときがくるはずです。

ライターとしての一歩を踏み出す

結果的に、このミニコミがきっかけで「ブラック・ミュージック・リヴュー」（ブルース・インターアクションズ）から原稿を書いてみないかと声をかけてもらいました。この雑誌は私が高校時代に読者欄に投稿した「ザ・ブルース」の後継誌。最初はレコードレビューです。小さ

な一枠でしたが、いつかあの雑誌に！と夢見ていたメディアに記名原稿が書けたのですから、ここにいる！と手を挙げてよかったと跳び上がりたいような気持ちでした。

その後、インタビューをさせてもらったり、ラジオ出演をしたり、さまざまな雑誌に書く機会が増えていきました。前述したように、初めてのインタビュー相手はジョン・リー・フッカーというレジェンド級のブルースシンガー。あがってしまって満足な内容にならなかったことがいまも悔やまれます。ブルースを聴いている女子大生という珍しさもあったのでしょうが、実力とは裏腹にずいぶん持ち上げてもらったように思います。

「ブラック・ミュージック・リヴュー」の母体は、Pヴァイン・レコードを運営するブルース・インターアクションズ。現在もジャンルを超えてユニークなリリースを続けるPヴァインはもともとブルースのレーベルとしてスタートしました。創業者の日暮泰文さんの『のめりこみ音楽起業――孤高のインディペンデント企業、Pヴァイン創業者のメモワール』（〔You gotta be series〕、同友館、二〇一〇年）は、ブルースに出合ってミニコミから定期雑誌を創刊し、レーベルを立ち上げ会社として育てていった人の一代記。時代は違っても、音楽への情熱をビジネスにしていく過程は興味をもてるはずです。「非メインストリームに生きよ」という帯にピンときたならぜひ読んでみてください。

さて、私は大学卒業後は結局アルバイトをしながら、原稿を書いたり編集の手伝いをしていました。なかでも編集に携わった『ブルース・レコード・ガイド・ブック』（ブルース・インターアクションズ、一九八八年）は忘れられません。「あの本はバイブルでした」「妹尾さんの文章を読んでエルモア・ジェイムスを聴いてみたい！と思いました」と三十年以上たったいまでも声をかけてくださる人がいます。まだまだ情熱が先立つような文章で恥ずかしいのですが、いまよりも素直に書いているなと思えるところもあります。

一九八〇年代前後のブルース・インターアクションズは、ブルース・ショウと題して海外から招

伝説のアーティストと交流する
高校生のころには思いもよらなかった人と出会うことも

いたアーティストの公演も企画していました。「レコード・ガイドブック」や「ブラック・ミュージック・リヴュー」の仕事を手伝いながらレコード製作やアーティスト招聘の現場も垣間見ることができたのは本当に財産になっています。

6　フリーライターとして世界を広げる

音楽以外の世界で文章修業

こうして一見順調に仕事を始めた私ですが、好きな音楽について書く喜びはあるものの、何かが足りない気がしていました。

データに基づいて作品の紹介をするだけでなく、もっと潤いがある文章が書けるようになりたい――いま思えば知識が追いつかないことへの言い訳だったのかもしれませんが、一人の物書きとして成長したいという思いが日に日に募っていました。

扉は思わぬところで開きました。いまや私のホームタウンともいえる東京・下北沢のタウン誌に地域の音楽事情を書きたいと売り込んだところ、一般誌もやってみないかと声がかかったのです。それもいきなり職人の取材で、一人で工房を訪ねて撮影もするというものでした。最初はとまどいました。なにしろ音楽について書くことしか頭になかったわけで、なんで私が?という気持ちで取材に出かけたのを覚えています。でも結果としてこれがよかった。新人ライターとして思いきって現場に出て、撮影し、取材してじっくり文章を書いた経験はいまも私の力になっています。さまざまな角度から好奇心も刺激されました。

文章に限らず、写真、デザインすべてで、メディアでの見せ方は経験して学ぶしかありません。いくら流れるような文章が書けても、上手に写真が撮れても、かっこいいデザインができても、テーマに合っていなければ伝わらないばかりか商品価値は半減します。メディア作りに関わったことでチームでクリエートする歓びを実感できたのは大きな財産です。

そんなわけで、胸を張ってライターですと言えるようになったのは三十歳を過ぎてからでした。もちろん音楽の現場一筋でもっとさまざまな体験をしてくればよかったという思いはありますが、遠回りしたことも決してムダだったとは感じていません。

幸い編集部には音楽好きの人も多く、各種ジャンルのレコード店やジャズ喫茶、ロックバーなどを足で探して特集を組んだこともあります。またいざ街に出てみると、音楽を看板にしていない場所にもたくさんの音楽を愛する人たちがいました。暮らしから感じる音楽を大切にするという私の視点は、このとき培われたところも大きいのです。

やっぱり音楽雑誌を作りたくて

仕事にも慣れてきたころ、今度は「ブルース・マーケット」というインディペンデントな雑誌を友人とともに創刊しました。コンセプトはブルースの「ぴあ」。全国百店以上のライブハウスやライブバーの二カ月分のライブ情報を掲載しているのが売りでした。

ロングインタビュー、ライブハウス訪問、若手バンドの紹介、そして一般誌ならミーハーだと片付けられそうなアーティストのお部屋訪問といった企画まで、結構好き勝手やっていました。とりわけ当時まだCDデビュー前の若手だった人たちがいま、中堅で活躍している様子には何か我が子の成長を見るような気持ちになります。連載でおこなうロングインタビューも一般誌ではなかなかできない経験でした。

　雑誌を一緒に始めた友人から、タイトルに「ブルース」を入れるかどうするか尋ねられたことを覚えています。ジャンルに縛られることを危惧したからでしょう。しかし私はあえて「ブルース」を冠にしました。そしてスタイルとしてのブルースではなく〝ブルースを感じるもの〟すべてをニッポンのブルースと捉えようと決めました。キャッチコピーに〝元気が出るブルース新生活情報誌〟とうたったのも、音楽は暮らしのなかにあり、それがブルースだろうとなんだろうと私たちを元気にしてくれるものだと信じる気持ちがあったからです。そして雑誌はあの時代に一つの流れを作ったと自負しています。

　考えてみると、一つひとつの企画の基本は高校生のころに感じていた「ビギナーにブルースを伝えたい」「性別に関係なく楽しんでほしい」という思いから生まれたものでした。みなさんがいま

「ブルース・マーケット」
コンセプトは「元気が出るブルース新生活情報誌」

感じている情熱も温め続ければ、すぐにはムリでもいつか形になるときがくるかもしれません。

いまでも、また「ブルース・マーケット」みたいな雑誌を作らないんですか？と言ってくださる人がいます。それだけに、ビジネスセンスのなさもあって途中でやめてしまって申し訳ないという気持ちがあります。


三十代から四十代はまだ徹夜もできるし、資料の細かい文字が読みづらくて難儀することもない時期。音楽メディアに関わる人もいちばん動き回れる時期だと思います。繰り返しになりますが、若いときは思いきりやりたいことをやってください。そして続けてください。志をもってアーティスト、音楽関係者といい関係を築いていけば、それが必ず財産になります。

7　音楽ライターも人生いろいろ

アーティストが身内にいるのは○？×？

大変私的な話になりますが、私はアーティストと結婚していた時期があります。音楽を生業にする人が近くにいるという意味では学ぶことも多く有意義でした。元夫のライナーノーツを書いたり、マネージャーのまねごとをしたり、一緒にイベントを立ち上げたりしたこともあります。ただ経験から申し上げると、表現者とパートナーの関係になるのはお勧めしません。

活動に共感を覚えているときはいいとしても、一度批判的な意見を述べ始めると、距離が近すぎるぶん、支障が生まれます。男女平等といいますが、多くの男性は女性から意見されるのを好まないようにみえます。とりわけパートナーにはよき理解者でいてほしいと思うのが心情でしょう。これがクリエーター同士異なるジャンルで切磋琢磨しているとか、夫が妻の作品をプロデュースするという関係性なら比較的バランスを取りやすいようにも思えます。子育てや介護がからむとまた関係も変化します。

アーティストが自分の夢に向かって進んでいく姿は輝いて映ります。ただ家族になると生活という現実が押し寄せる……。とりわけ物書きは、何かにつけひと言言いたくなる人も多いもの。相手にとってよかれと思ったそのひと言がトラブルのもとになりかねません。

それに音楽ライターは身分の安定しないフリーランス。それでいて金食い虫でもあります。お節介ながらパートナー選びは慎重に。

私の失敗

恥ずかしいですが、反面教師になるように失敗談もしておきましょう。

まず尖ったところを見せるのが評論だと勘違いしていた若いころの失敗です。これには二つあり、一つは、興奮したお客さんが前方に押し寄せるというトラブルがあったコンサートについての主催者の不備を指摘したこと。もう一つは、あるレコードについて音が悪いと書いたことでした。

前者は主催者から直接電話でお叱りを受けました。確かに決して主催者が手をこまねいていたわけではなかったのです。一緒に盛り上げていくべきコンサートで一方的に批判する姿勢はどうなのかと言われたのもこたえました。確かにスタッフ側のような顔をして入場しながら、仲間をおとしめるような物言いをしたのは浅はかだったと思います。

後者は結果的にエンジニア批判になり、スタッフにもレコード会社にも申し訳ないことをしてしまいました。音響のことについてはプロではないのだから安易にふれないほうがいいと知人に忠告を受けたことを覚えています。

もちろん、意見を正直に伝えることを恐れてはいけません。ただ専門家の仕事に対して、直感だけで良し悪しを評価するのでは素人と一緒です。プロフェッショナルのライターとして相手の仕事をリスペクトしながら、適当な表現を選ばなければいけません。若気の至りということで、その後もかわいがっていただいた方々には感謝しかありません。

言葉を選ぶといえば、何の気なしの会話がある人の耳に入り、傷つけてしまったことがあります。意外と狭いこの世界で大切なのは、不必要に噂話をしないことです。友人、知人と音楽の話をするのは楽しいものです。ときに厳しい意見が飛び交うこともありますが、クリエーティブにつながるならまだしも誰かを攻撃したと誤解されるような物言いは慎まなければなりません。これは日常生活でも一緒ですよね。

書くという作業の失敗でいえば、誤植があります。特に人名の誤りは百パーセントダメです。なかでも怖いのは、変換ミス。例えば「五朗」という名前の漢字を誤って「五郎」と書いてしまうことなどがあります。カタカナでいえばビートルズとするのかザ・ビートルズとするのかという問題もあるし、英語のスペルミスなども気をつけたいところです。編集者もチェックするし、プロの校正者に入っていただくこともありますが、そもそもライターの原稿が完璧なのが前提です。

これは人名ではありませんが、ライブハウスの電話番号を間違えて掲載してしまい、痛い目に遭ったこともあります。掲載数が多いガイドブックでは一店ごとに電話をかけて番号が間違っていないか確認したものですが、最近はどうしているのでしょうか。そんなのネット上の情報をコピペすればいいじゃないかと考えるかもしれませんが、たまに掲載されている情報そのものが古かったり、間違っていたりすることもあるんです。いちばん信頼できるのは、やっぱり一次情報です。

また必要に応じて、アーティスト写真やジャケット写真の確認も怠らないようにしなければいけません。撮影者のクレジットは間違っていないでしょうか。過去にはうっかりが重なり青くなることもありました。最近はライターがさまざまな役割をこなさなければならない場面も生じています。取材を申し込んで、完成した作品を納品するまで細やかな心配りで進めていきましょう。

音楽のそばにいよう

こうしてみると新卒で会社に勤めた経験もなく、若いころの夢をかなえたくてわがままにやってきた私ですが、そのたびに誰かに助けていただき、なんとかここまでやってきました。

以前、自分の体験談を交えながら日本のブルースの歴史をつづるコラムを連載していたことがあります。タイトルは「ダイヤモンドリングよりブルース」。ダイヤモンドリングとは言うまでもなく婚約指輪のこと。実際のところ一度は結婚もしたし、音楽以外の仕事もしたし、もらえるものなら
ダイヤだってほしい。でも世間一般でいわれる幸せの象徴より、ブルース――音楽に近づきたい一心で生きる道を選択してきたという意味でそのタイトルをつけました。またブルースには「おまえにダイヤの指輪も毛皮も買ってやったのに、なんで冷たいんだ」といった内容もよく歌われることから、ブルースをイメージさせる単語でもあります。

受験、就職、恋愛、結婚、家族との関係……人生には予期せぬことがいろいろ巻き起こります。でもどんなときも音楽のそばにいたいという、その気持ちだけは忘れないでいてください。音楽ライターという裏方仕事だからなおさら、その情熱が途切れたら、そこで書く目的を見いだせなくなるでしょう。

もしかするといまのあなたも学業や仕事との両立、家族との関係で悩んでいるかもしれません。そんなときだからこそ行動しましょう。もし近くにレコード店やライブハウス、音楽が聴ける店があるなら顔を出してみましょう。高校生の私もそうでしたが、自分はまだまだという思いもあって、最初の一歩は本当にドキドキです。でも音楽が好きだとわかれば邪険にされることはないはず。ボランティアでコンサートの手伝いをしたり、スタジオで機材を見せてもらったり、どんなことでもかまわないので現場でいろいろな経験をしてみましょう。それは何一つムダになりません。そしてできれば長い休みには、ちょっと足を延ばしてライブや現場の空気を吸ってみませんか？

学生だからお金をかけられないとか、地域にライブハウスもレコード店もないという人もいるでしょう。そうしたさまざまな制約を感じている人こそ、毎日音楽を聴き続けることに加え、意識して音楽のそばに身を置いてみましょう。

学生なら部活動のブラスバンドでも合唱でもオーケストラでも放送部でもなんでもいいでしょう。

文化祭の実行委員でもいいかもしれません。趣味が同じ友達がいないと嘆く前に、相手が興味をもっていないからこそコレクションを用いて説得してみませんか？　私は高校のとき学年をまたいでおこなわれた音楽鑑賞の時間に簡単な解説をしながらブルースのレコードをかけたことがあります。ほとんど反応はありませんでしたが、一つ上の先輩二人が声をかけてくれました。一人は当時の女子高にしては珍しくロックバンドでギターを弾いていて、そんな人がいることに逆に私のほうがうれしくなったのを覚えています。

ロックが好きだと「クラシックなんて」と思ったり、自分の趣味以外には興味をもてないかもしれません。私もそうでした。高校にはギター&マンドリンクラブがあったのですが、自分とは無縁だと思っていました。しかしヤンク・レイチェルというマンドリンでブルースを演奏する人を知ってから、やっておけばよかったと後悔したものです。アイリッシュミュージックやブルーグラスでもマンドリンは効果的に使われていますよね。何か楽器に触れた体験は、原稿を書くときにどこかで参考になるはずです。

音楽ははたらきかけないと扉を開いてくれません。周囲の人が何と言おうと思いっきり音楽を聴きましょう。聴けば聴くだけライターになったときのあなたの引き出しは豊かなものになるはずです。

第5章 ワンランク上を目指して自分に投資しよう

第4章では、ジグザグな経験談を通じて、「ライターになりたい！」と手を挙げて意思表明し、しつこく音楽のそばにいつづける大切さをお伝えしました。

第5章では、手を挙げたあと、プロになるためにちょっと心がけたいことを一緒に考えてみようと思います。何度も言いますが、書くだけならあなたの代わりはごまんといます。なんとなく続けることもできますが、頼まれ仕事をしているだけなら、いつか埋没してしまうでしょう。

第3章と合わせて、ワンランク上のライターになる自分をイメージしてみてください。

1　音楽のバックボーンを学ぶ

名盤を自分の言葉で語ってみよう

音楽ライターの世界に定年はありません。別の見方をすれば、先輩たちと同じことをしていてもなかなかポジションを獲得できないでしょう。だからこそ自分なりの得意技を見つけること、あなた自身を磨くことが大切なのです。

キャリアが長ければ安泰ということもありません。移り変わる音楽状況に目をつむり、いつまでも若いころの情報にしがみついていれば活躍の場は限られてしまいます。アンテナを張り、フレッシュな感性を持ち続けることが求められます。

音楽にボーダーはないといわれていますが、やはり世代感覚というものはあります。私がマカロニえんぴつの「ヤングアダルト」(二〇一九年)を聴いて、十代と同じ気持ちでどっぷり浸れるかといえば実際難しい。でも青春を通り過ぎた人であっても、この曲を日本のフォークロックの系譜や文学的な視点から論じることができるかもしれません。逆に若い世代が語るRCサクセションやユーミン(松任谷由実)論も読んでみたいと思います。

時代を超えて支持される、完成度が高い作品は確かにあります。それを〝名盤〟と呼んだりするわけですが、その名前に安易にひれ伏すのではなく、あなたが感じたものに正直に向き合って言葉にしてください。一九七二年の若者に支持された名盤を、いまこの時代に生きるあなたが、どんな言葉で表現するのか。そこにあなたのライターとしての役割があるのだと思います。

音楽ライターにはランク付けもありませんが、長くやっていると、私自身はこのあたりかなという認識はあります。ブルースなら『ブルースCDガイド・ブック』（ブルース・インターアクションズ、一九九六年）の著作がある小出斉さん、ソウルならこの道五十年以上の鈴木啓志さんといった方々には聴いている量も知識もかないません。

ではどこで勝負するか。私であれば広く浅くの知識を生かして、ビギナー向けにブルースやソウルをわかりやすく紹介することにかけてはまかせて、と胸を張れます。映画評、書評、日本のシーンに関する原稿も「やります」とすぐ返答するでしょう。

ジャズやロックの評論の黎明期から活躍されてきた油井正一さんや相倉久人さんのような方に対して、尊敬の念をもってレジェンドと呼ぶ場合があります。しかしレジェンドと呼ばれたくて仕事をしている人は見たことがありません。ただ音楽への情熱を貫いた結果なのだと思います。この現場感覚をもちながら、熱量を保ち続ける姿勢こそ音楽ライターに不可欠なスキルなのかもしれません。

音楽の大きな流れを学ぼう

自分の感覚を大切にとは言うものの、「だって好きなんだもん」では読み手を説得できません。

では、独りよがりをなくすにはどうしたらいいのか。後ろ盾になるのは「歴史」の大きな流れで

インタビュー後に
アラン・トゥーサンと記念撮影

す。

　突然変異のようにみえるアーティストであっても、意識的にせよ無意識にせよ、過去から何かを受け取り、いまという時代の空気を吸ってそこにいます。時代を俯瞰して、そのアーティストや生み出された曲がどんな場所にいるのか、どういう意味をもつのか、それを音楽の世界のタテ糸とヨコ糸を確認しながら語れるようになると原稿にもぐっと説得力が増してきます。何より音楽の世界が立体的に感じられ、音楽を聴くことがもっと楽しくなるはずです。

　最初は好きなアーティストが影響を受けたアーティストや、カバー曲をきっかけに糸をたぐっていくといいでしょう。「YouTube」のおすすめ動画なんかもお節介なようでいて、いいきっかけになります。サブスクのプレイリストも一曲一曲丁寧に聴いていくと、ずーっと昔からお互いに影響しあいながらこれまで続いてきた音楽の流れを感じるはず。そして音楽をクリエートしてきた人、大切に聴いてきた人たちの気持ちを考えるといとおしさを覚えるほどです。

　ニューオーリンズ音楽の重鎮アラン・トゥーサンにインタビューしたことがあります。一九五〇年代から二十一世紀までソングライター、プロデューサーとしてロックにも大きな影響を与えてきた人だからこそ、現在の音楽に対して行き詰まりを感じたりしないのだろうかと思いきって尋ねてみました。

「最近の音楽シーンは、さまざまなアイデアが出尽くしているようにもみえます。カンバスに例えるなら、カラフルではあるけれど、もはや色を塗るスペースが少なくなっていると感じませんか？」

するとトゥーサンは穏やかな笑みを浮かべ、こう答えました。

「私たちは音楽という船に揺られ、ここまで一緒に旅をしてきました。これからも航海は続きます」

アラン・トゥーサンだけでなく、先人が作り出してきたさまざまな音楽が注ぎ込み、大きな河となり海となり滔々と流れ続けていく……音楽の旅に終わりはないのだと。あぁ、なんとおおらかな視点でしょうか。カンバスの白地にばかり目を奪われていた私は深く頭を垂れました。

先輩たちが生み出してきた豊かな音楽をリスペクトし、未来を信じる。音楽の船に乗り込んだ乗組員の一人として、この気持ちがあれば、音楽ライターとして何を書いていくべきなのか見えてくるでしょう。

土地と音楽に思いを馳せて

時間の流れと一緒にもう一つ意識するとすれば「土地」でしょう。風土といってもいいかもしれません。

メディアの発達でいろいろな文化がフラット化しているとはいえ、その音楽がどの土地から生まれたのかを考えると、聴いている世界がより広がり、深まっていきます。

もう三十年も前のムックになりますが「ミュージック・マガジン」の増刊号として出版された『ミュージック・ガイドブック』は画期的でした。いわゆるディスクガイドではなく、ロック、ブルース、レゲエ、ラテン、アフリカ音楽、アラブ—アジア音楽、カントリー、フォーク、ジャズ、サルサから世界各地の音楽に至るまで、おおまかな変遷や代表的な人物が紹介されています。一冊のなかで、ここまで世界の音楽について基本をわかりやすく紹介した本はほかに存在しないのではないでしょうか。

好きなジャンルについては物足りなく感じると思いますが、手元に置いて音楽の奥深い世界を俯瞰するには適当なボリュームです。今回あらためて読み返してみましたが、中国、韓国、台湾をはじめとする当時のシーン、インドのポピュラー音楽、日本音楽小史などはいまだからこそ具体的にイメージできる部分もあります。まだまだ手元に置いて、ときどき開きたい一冊です。地理は苦手だという人もいるでしょうが、土地の歴史や文化を勉強して、地球儀を回しながら音楽の旅をしてみるのも楽しいですよ。

もちろん日本にも各地に豊かな文化があり、さまざまな音楽を生み出してきました。シティポップと呼ばれる楽曲群も、東京という街を背景に生まれた音楽だといえます。最近では日本の民謡とラテン音楽、アフリカ音楽などのリズムを融合させて人々を熱狂させている民謡クルセイダーズも、土着の文化から誕生したバンドだといえるでしょう。沖縄をはじめとする島の文化に引かれる人も増えています。インバウンドによって地域のカルチャーが見直されるなかで、あらためて日本の音楽の魅力に目を向けた人もいるのではありませんか？　洋楽の影響力が大きかった時代には、民謡はノスタルジーや研究の対象として取り上げられる傾向にありましたが、いまはさまざまな角度からその魅力が紹介されています。

かつて、英語圏で生まれたロックに日本語はフィットしないといわれていた時代がありました。そのとき、話し言葉で軽やかにオリジナリティーあふれる世界を描き出したのが、関西を拠点にするバンドでした。いわゆる関西弁はリズムに乗りやすいのではないかとうらやましがる声をいまも耳にします。代表的なアルバムには上田正樹と有山じゅんじの『ぼちぼちいこか』があります。その後も関西の男性シンガーを集めたコンピレーションアルバム『大阪ソウルバラード』（二〇〇八年）がリリースされるなど、大阪ならではのひとつの音楽のイメージを生んできました。

個人的には江戸時代の文化に引かれるところがあるのですが、物売りの売り歩く声や町の芸などにも興味が尽きません。その町の風土や歴史を調べることは、音楽を理解するのに間違いなく役立ちます。

受け手の気分を受け取る

もう一つ忘れてはいけないのが、受け手の存在。私たちはどうしても作り手に目を奪われがちですが、いつの時代も作る人と聴く人は表裏一体。レコードが誕生する以前から、暮らしのなかで音楽を必要とし、口ずさみ、喜んだり涙したりした人がいるからこそ歴史は続いてきたわけです。大衆音楽＝ポピュラー音楽と呼ばれるのは、まさに受け手の存在があるからだといえます。

ラジオ放送が始まった大正時代末期から昭和時代にかけての百年を描いたNHKの朝ドラ『カムカムエヴリバディ』では、ジャズがクローズアップされ音楽ファンの間でも話題になりました。世相を描いたドラマを通じて、時代と求められる音楽について興味をもった人もいたのではないでしょうか。

時代の空気と受け手の〝気分〟は、音楽に少なからず影響を及ぼします。そのうえで先ほど述べた音楽の大きな流れについて考えてみましょう。一九五〇年代はどんな時代で、どんな音楽が流行したのか。七〇年代は？　二〇〇〇年代は？　そのうえで五十年前の音楽はいまではどのように聞こえる？、などと考えてみることで、音楽を立体的に眺めることができます。

私たちが体験したパンデミックも、時代と音楽を考えるうえで絶好の材料です。アーティスト、リスナー、スタッフ、さまざまな現場を通じ、荒波にもまれた音楽の船がどこに向かうのかを考えてみましょう。

時代の空気を感じよう

二〇二二年六月に十一年ぶりのオリジナルアルバム『SOFTLY』を発表した山下達郎が、インタビューで「自宅では何の音楽を聴いていますか？」という問いにこう答えていました。

最近は、落語とか浪曲ですね。寝るときは落語を。僕らの世代は基礎教養として、小さな頃から習慣です。言霊ですよね。一流の落語家のリズムとか。あとは、グローバルトップ50(「Spotify」のプレイリストで、全世界の楽曲での再生数トップ50)。好き嫌いじゃなくて、時代の空気感なので近接していないといけない。「新譜なんて聴かない」じゃなくて、空気がありますから。洋服と同じですよ。微妙にスーツの丈が変わっていたり。それを感じておかないと。

(「スポーツ報知」二〇二二年七月三日付)

「時代の空気感に近接していく」ための努力。これは音楽ライターにも不可欠です。音楽とは常に、いまという時代に放たれるものであり、古いジャズを手本にしていようと、コンピューターを駆使したエレクトロニカであろうと、作るのも受け取るのもいまの時代を生きる人たちです。一歩先を読む音楽ライターであるためにも、意識して時代の気分を感じ取る機会を作り、そして気分という目に見えないものを言葉にしてください。

音楽は身の回りに起こった事象を映す鏡です。音楽がこれまでにいくつもの社会現象を生み出してきたのも、そのためだと言えます。生み出すというより、社会の気分を浮上させたといったほうが近いかもしれません。アムラーと呼ばれるファンを生み出した安室奈美恵やAKB48、古くはピンク・レディーのような子どもも知っていて経済にまで影響を与えるような歌手もいます。もちろん最初からヒットを狙って作られる音楽もあるでしょうが、いったん社会の気分と合致すると音楽は大きなうねりになる場合があります。

あまり好きな言葉ではありませんが、「歌のチカラ」を感じるときが確かにあります。歌は個人の経験、あるいは社会の事象と結び付いたとき、作者さえ思ってもみなかった思いがけないパワーをもつこともあります。

　誰かが仕掛けたわけでもなく、共感が共感を呼び静かに浸透していった音楽もあります。

　息絶えた大地に新たな町が生まれる様子を歌う、カンザスシティバンドの「新しい町」は、二〇一一年三月十一日に起こった東日本大震災のあとに広がっていった一曲。作詞・作曲したリーダーの下田卓さんへのインタビューによれば、もともとこの曲のイメージはボスニアやアフガニスタンの戦乱がきっかけで、二〇〇七年にはほぼ完成していたそうです。それが東日本大震災をきっかけに形になり、人から人へ歌い継がれ、聴き継がれ、いまも人々の心に残っています。

　おそらく「新しい町」はこれからも大切に歌われていくでしょう。大ヒットしたわけではないけれど、こうして人から人へと歌い継がれていくさまは、歌が歌として存在する証しのようにみえます。一九九五年一月十七日の阪神・淡路大震災を受けて生まれたソウル・フラワー・ユニオンの中川敬さんとヒートウェイヴの山口洋さんによる「満月の夕」は、震災が起きた夜と同じ満月を見上げて被災者がつぶやいた「怖い」というひと言から、無力感にさいなまれながらも復興への願いを込めて作られた曲でした。

　これらは震災という未曾有の危機に際して生まれた曲ですが、高田渡さんの「生活の柄」や友部正人さんの「夕日は昇る」のように、歌い手を離れ、世代を超えてライブの現場で多くの人に歌われている曲は少なくありません。いつかこうした歌い継がれる歌について書いてみたい。これは音楽ライターとしての私の夢でもあります。

最近ではコロナ禍の状況もまた音楽と社会の接点を強く意識させました。あちこちで生まれたライブハウスの応援歌も記憶に新しいものがあります。歌い継がれるまでのパワーをもった曲はなかったようですが、意気消沈する社会に歌で風を吹き込もうとするさまざまなアプローチが見られました。

大学で社会学を専攻した私は、多様な人間が作り上げた社会のメカニズムを理解したいという気持ちが強いのですが、もちろん学問の見地からでなくてもかまいませんし、学術的に書くことを勧めるわけでもありません。ただ、音楽ってさまざまに社会とつながっているんだなという〝感覚〟をもつことが、文章を書くうえで新たな視点を提供してくれるはずです。

ファミリーツリーを作ってみよう

二〇二二年八月に発売された『ロック・ファミリー・ツリー』（新井崇嗣／瀬川憲一訳、みすず書房）は、ロックジャーナリスト、ピート・フレイムによる力作。ファミリーツリーはピープルツリーとも呼ばれ、つまり系図のことです。一九六〇年代から七〇年代を中心に英米ロックの系譜をひもとき、各バンドのメンバーの変遷やアーティスト同士の相関関係などに細かく解説や注釈を加えています。

オリジナルメンバーは誰それで、第二期はベースが交代。それから仲がいいバンドがいて……と書き出していくだけで、さまざまな人間模様と彼らが生きた時代が浮かび上がってきます。

一生モノとも絶賛された『ロック・ファミリー・ツリー』は、ロックが好きな編集者・八島慎治さん自身が原著の愛読者だったことがきっかけで翻訳が企画されましたが、日本での出版に思いがけず十一年もかかってしまったんだそうです。

ウェブで八島さんのインタビューを読んで、膝を打ったのが次の一節です。

『みんなが聴いているから』『売れているから』という理由でなく、人と人との出会い、一期一会のなかで奇跡的に生まれた音楽に、できるだけ触れたいという欲求が私にはあります。サブスクであらゆる音源にアクセスできるこの時代に、本書を活用することで、それら未知の音楽に脚光を与えることができると思っています。

(「定価1万5000円！　ロックファン待望、奇跡の書『ロック・ファミリー・ツリー』は企画から11年の超大作」「Book Bang」二〇二二年十月四日〔https://www.bookbang.jp/review/article/741225〕)

ツリーのなかには全く名前を知らない人も大勢います。おそらく運が悪かったのか、才能がなかったのか、日の目を見ずに足を洗った人もいたでしょう。もしかすると裏方で活躍した人もいたかもしれません。著者のピートさんも、八島さんも、そうした人たちに愛情をもっていることが感じられるから、この本は愛おしいのです。

定価一万五千円と決して安くありませんが、英米ロックの歴史を整理したい人は思いきってコレクションに加えてはいかがでしょう。

そしてみなさんも一度、好きなアーティストを中心に簡単なツリーを作ってみませんか？　こんなところがつながっているんだな、このアーティスト同士がお互いに影響を与え合っていたんだなと、見識が広がります。

「はったり」で育つこともある

第4章で、いきなり音楽以外の取材の仕事を頼まれたエピソードについて書きました。当初はどうして?、私にできるの?という気持ちでしたが、体当たりで取り組みながらさまざまなスキルを身に付けたことでいまがあると思っています。

「はったり」でもいい。「背伸び」でもいい。仕事だから責任はありますが、とりあえずやっちゃえ!の精神はきっとあなたを育てます。

興味がもてそうなら、依頼を受けましょう。それは○○さんの専門分野では……と先輩たちに遠慮することはありません。名盤紹介のような、いろいろな音楽ライターによってもう何度も書かれてきた内容であれば、なおさらあなたなりの言葉で表現してみてください。それでこそ音楽ジャーナリズムも発展していくというものです。

私にも経験があります。ブルースに影響されたブリティッシュロックの歴史関係の記事を依頼されたときがそうでした。ブルースファンになるきっかけがローリング・ストーンズやエリック・クラプトンといったイギリスのアーティストだったという人は多いのですが、第4章で書いたとおり、日本のアーティスト経由でブルースにたどり着いた私は全くの後追いでした。でも私は「やります!」と反射的に返事をしていました。

少し補足すると、ブルースはアメリカで生まれた音楽にもかかわらず、人種差別が激しい本国よりも先にイギリスで注目され、若者たちに熱く支持されました。例えばアメリカのブルース、フォークソング、カントリーミュージックなどあらゆるルーツミュージックをのみ込んで一九五〇年代に生まれた「スキッフル」は、イギリスのロックの始まりといわれています。タライや洗濯板を使った手作りのジャグ・バンド・スタイルでロニー・ドネガンが一大ブームを巻き起こしました。ビートルズもスキッフルバンドをきっかけに生まれたというのは有名な話です。また、ブリティッシュブルースの父といわれるのが一九六一年にブルース・インコーポレーテッドを結成したアレクシス・コーナー。多くのアーティストを育て、ローリング・ストーンズやレッド・ツェッペリンにも大きな影響を与えました。さらに彼らから派生した全世界の孫・ひ孫の存在となると計り知れません。

こうした流れも当時の私は断片的にしか知りませんでした。そこであらためて調べ、なんとか原稿を仕上げたのを覚えています。といっても決して依頼を練習台にしたわけではなく、ビギナーである自分の感覚を踏まえて、初めての人にもわかりやすい内容にしようと努力しました。

また、第2章と第4章でふれたとおり、私はしょっぱなのインタビューでジョン・リー・フッカーというレジェンドの前に撃沈したわけですが、それはそれで得がたい経験になりました。インタビューの準備をすることは、自分の関心を整理するのにも役立ちます。そつなく立ち回ろうなどと考えずに、新人らしく素直な気持ちをぶつけてみてもいいでしょう。

とにかく挑戦してみること。これに尽きます。

2　レコードやCDのコレクションについて

コレクターではないけれどコレクター

十代のころは、音楽がなければ生きていけないという気持ちでいっぱいでした。みなさんはいかがでしょうか。

しかし、社会に出ると考えなければいけないことも増え、四六時中音楽ばかりを食べて生きているわけにはいかなくなりました。でも音楽は遠のいたわけではなく、昼も夜もないラブラブな期間が終わっただけで、連れ合いのようにそこにいる（ある）のが当たり前の、しかも深みがある存在になったのです。

「音楽ライターです」と自己紹介すると、よく「レコードやCDは何枚ぐらいお持ちなんですか？」と尋ねられます。

何万枚と所有する人の足元にも及びませんが、増え続けるCDやレコード、資料という名の本・雑誌が家の一画を占領して引っ越そうにも引っ越せない、断捨離とは無縁の生活をしているのは確かです。

でも第1章にも書いたとおり、音楽ライターにとって物量はさほど問題ではありません。コレクションはするけれど、自分のためだけにするのではなく、それを外に向けて発信するのが音楽ライター。コレクターではないけれどコレクターといったところでしょうか。

コレクターがライターになれるわけでも、保有枚数でライターの価値が決まるわけでもありません。そこを見誤ってはいけないと思います。音楽ライターを名乗るならたくさん聴くべきなのは間違いないですが、決して枚数で競ったり恥じたりする必要はありません。音楽ライターの質を決めるのは、物量よりも作品から受け取った情報量の豊かさであり、個人的なコレクションを外に向けた情報に変えるパワーと技術です。

もちろん「コレクションなんてどうでもいい」という気持ちはありません。できるだけ聴きたい！という好奇心があればこそ、いつの間にか何千何万になってしまったというのが本音でしょうから。

「レコード・コレクターズ」誌の大鷹俊一さんによる連載「レコード・コレクター紳士録」は、そうしたヴァイナルジャンキーとも呼ばれるレコードに魅せられた人たちを取材した労作です。登場するみなさんのコレクション内容のすばらしさもさることながら、そこに至るまでの人生をかけた情熱が感じられる記事で、私はいつも楽しみにしています。

七十歳を過ぎた私の先輩たちも、まだまだ手に入れたいレコードがあると言います。洋楽のコレクションをする人は、録音された年月日や参加アーティストなどのデータを分類・記録したディスコグラフィーをもとにコツコツと七インチを集めたりするのですが、猛者になると、大方集めたのでディスコグラフィーにない（？）七インチを探しているのだとか。一生かけても世界中の音楽を聴き尽くすことはないのだろうなと考えると気が遠くなります。

一方でコレクションを処分している人たちもいます。理由はあの世まで持っていけないから、あるいは手狭になったから。宮城県に住む知人は東日本大震災以降、モノを所有することに対する考え方が変わったそうです。「買い取りが二束三文でも、捨てる気にはなれないからねえ。大事に聴いてくれる人がいるなら、その人の手に渡ったほうがうれしい」と、大事にレコードを聴いてきたその人は言いました。

理由はいろいろですが、苦渋の決断でレコード店に持ち込むという人も少なくないようです。中古レコード店でディグするとき、この盤を持っていた人はどんな思いで買ったのだろう、そしてどんな気持ちで手放したのだろうと想像することはありませんか？　さまざまな人生を映すコレクションの世界。大切に聴いてきた人の人生を思うと、一枚一枚がますますいとおしくなると同時に、音楽を聴きたい人に向けてしっかり原稿を書いていかなければと思うのです。

名盤ガイドの外側に目を向けよう

レコードやＣＤを買うときにディスクガイドを参考にする人もいるでしょう。ディスクガイドにもいろいろあり、名盤百選のようなものもあれば、網羅型のものもあります。しかし、どちらにも掲載されないローカルなアーティストや知る人ぞ知る静かに愛される作品もあるはずです。

以前、オーケストラのＣＤが聴きたいと思ったとき、指揮者の名前で選べばいいのか、あるいは楽団の名前なのかといったとっかかりが見つからずに困りました。そういうとき、水先案内人になるディスクガイドは重宝します。

最近売れる音楽書はガイドブックばかりですよと、ある編集者がぼやいていました。たくさん音楽を聴きたいという意欲の表れなら喜ばしいことですが、間違いのない買い物をしたい人が多いからという理由ならちょっと寂しい気もします。

音楽に限らず、○○ガイド、おすすめベスト3、☆で評価するランキングは花盛りです。あるレストランの人が「ガイドブックに載っているメニューしか頼まないお客さまがいらっしゃいます」と少し寂しそうな表情を浮かべて話すのを聞いたことがあります。一方で、レストランガイドの☆の数や、誰だかわからない人の口コミはあてにならないと、みんな少しずつ気がつき始めています。やはり自分で足を運んで、口にしてみないとわかりません。結局、自分の口に合わないものも食べてみないことには〝絶品〟かどうかもわからないのではないかと思います。

音楽の場合も、最終的に必要とされるのは自分の言葉で音楽を語る人ではないでしょうか。

音楽ライターを目指すなら、くれぐれもガイドブックのベスト100で満足するようなことがないようにしてください。一度しか聴かない作品との出合いもあなたの世界を広げることになるでしょう。ベスト100に選ばれているけれど、私は好きではない、私はこの作品じゃなくてこっちを選ぶ、といった視点も必要です。

音楽ライターになれば、あなたがガイドをする側になるわけです。自分ならこういう表現で紹介したい、もっとほかの作品も掲載したい、コラムを載せたい、あるいはこんな切り口でガイドブックを作ってみたい……ガイド側の立場から、いろいろと夢を広げてみてください。

私的コレクションのお供

こうしたガイドブック以外にも知識の整理を助けてくれる書籍があります。まずディスコグラフィー。曲名、録音した場所、日時、メンバーといった録音データの記録集です。ブルースを聴くなら持っていたほうがいいよと大学生のときに勧められたのがディスコグラフィー *Blues Records 1943-1966*（Oak Publications, 1968）。ブルース関連の録音データの総覧です。学生には高かったのですが、洋書専門店でえいやっと手に入れ、下線を引きながらレコードを探していきました。慣れてくるとレコードハンティングだけでなく、この曲の録音のときにあの人もスタジオにいたのかとか、この曲は録音はしたけどリリースはされていないようだ、といったいろいろな情報が見えてきます。

このほか、私が愛用しているデータ集に、チャートインした曲をアーティスト別に網羅した *Joel Whitburn's TOP R&B SINGLES 1942-1995 Billboard*（Record Research, 1996）があります。この本を編纂したジョエル・ホイットバーンはアメリカのヒットチャート、ビルボードのデータを記録する書籍を多数出版しています。チャートは時代を映す鏡。その年にどんな曲が流行したのか、どんな曲が一位をとれたのか、あるいは惜しくもとれなかったのか、さまざまな背景が見えてきます。洋楽を専門にする人なら一度チェックして損はありません。

時代の移り変わりとともにコレクションの指針も変わります。二〇二二年に翻訳書が出版された『ヴァイナルの時代――21世紀のレコード収集術とその哲学』（マックス・ブレジンスキー、坂本麻里

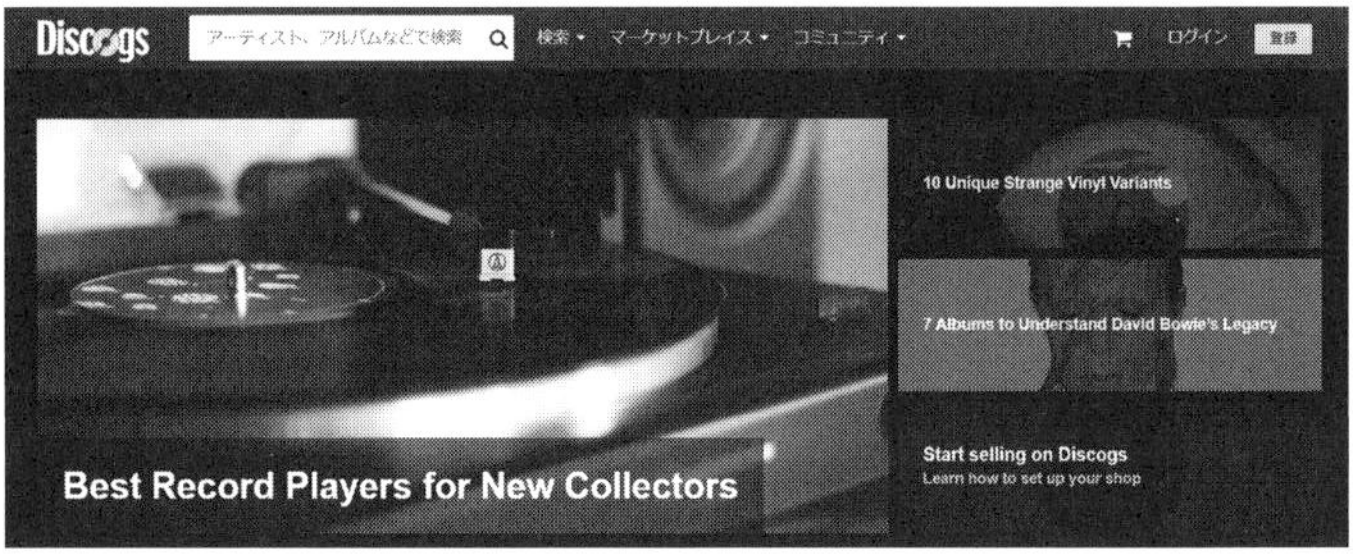

「Discogs」
世界最大の音楽データベースサイトといわれている

子訳〔Ele-king books〕、Pヴァイン）は、世界最大のオンラインレコードショップ「カロライナ・ソウル・レコーズ」のマーケティングディレクターによる、ストリーミングサービス全盛の二十一世紀だからこそのアナログの魅力を探る本。オークションができるマーケットプレイス「eBay（イーベイ）」やEC機能も備えた世界最大の音楽データベースサイト「Discogs（ディスコグス）」などの海外サイトの使い方からレコードを通してみた社会学や哲学まで、幅広くアナログコレクションの魅力を紹介しています。

音楽と向き合う時間を作ろう

音楽ライターは聴くのが仕事。聴けば聴くだけ栄養になるわけですが、そこには先立つ好奇心があるはず。一曲から受け取る情報量の多さが、優れた音楽ライターの仕事につながるのだと感じます。

受験勉強のように何時間以上聴けば合格という目安はありません。私自身、起きてからずっと音楽を聴いているときもあれば、映画ばかり観ていてほとんど聴けない日もあります。ただ、もしあなたが音楽を聴く時間が足りていないと自覚しているなら、今日から浴びるほど聴いたほうがいい。それは間違いありません。

移動中はヘッドホンで、部屋にいるときもスマートスピーカーから音楽が流れているという具合に、ステレオの前にいなくてもさまざまな方法で音楽が聴けるようになったぶん、チャンスはあるはずです。とはいえ、学校や仕事、アルバイトに追われている人も多いと思いますが、ながら聴きが増えているなと感じたら、一日にレコード一枚でもいい、じっくり音楽とだけ向き合う時間を作ってみましょう。一曲が血肉になったなと感じられるように。

音楽はダウンロード、レコードやＣＤはオンラインストアでという人も増えているはずですが、機会があれば、買う買わないは別にしてレコード店に足を運び、棚やディスプレーを眺めてみましょう。自分が好きな音楽をピンポイントでディグするにはデジタルは便利ですが、偶然の出合いや広がりの面白さは体験しづらいし、現状を肌で感じられるのはやっぱり現場です。以前は知り合いのレコード店に行き、「これ入りましたよ」と目の前に積まれた山のなかから購入していたこともあります。思い返してみればちょっと乱暴だったかもしれません。でもなかなかお目にかかれないインディーズレーベルからリリースされたアメリカ南部のローカルアーティストのＣＤがあったりして、それはそれで面白い世界を見ることができました。

気軽に行ける店がないという人は、サブスクのヒットチャートや日頃聴かないジャンルにあえてアクセスしてみるのも一つの手でしょう。とにかく忙しければ忙しいほど、意識して音楽の近くに身を置き続けることです。

3　編集・ライティングのスキルを磨こう

編集者的視点をもつ

文章で企画をカタチにしていくのがライターなら、編集者は思いを企画にしてみんなを巻き込んでいく人です。編集者は、企画だけでなく進行管理から資料の準備、場合によってはギャランティーの計算まで何やかやと細かい実務もあります。

基本的に編集者とライターの仕事は別物です。でも、私はライターなんだから書いていればいいんだと開き直ってしまうのはちょっと残念。実務的な側面の得手不得手はさておき、特集なり記事なりを俯瞰する編集者のマクロな視点は、長くライターを続けるうえで大切です。

編集者という役割を、編集的な視点で文章を編む立場の人と言い換えてもいいでしょう。

以前、ＳＮＳで「音楽ライターなんて〝厨二病〟ばかり」と投稿している人を見て悲しい気持ちになりましたが、自分の気持ちや関心事だけを優先した自己愛が強い文章ならそう言われても仕方ないと思います。「それで？　それってあなたの感じ方でしょ」と言われないために、あるいは圧倒的に突き放すために役立つのが、時代（状況）を俯瞰する編集者的視点です。編集者的な役割の人がいないウェブメディアで仕事をしているなら、なおさら自分で舵取りしなければならないでしょう。

原稿を書くうえでも編集スキルは不可欠です。編集のスキルといえば、構成する力を連想する人が多いと思います。もちろんそれは最も大事ですが、意外と見落としがちなのが、情報を収集する力。ウェブ上の情報を切り貼りしてお茶を濁しているようでは、ライターとして大きな仕事はできないでしょう。自分の目で選んだいくつかの信頼できる情報ソースをもち、そこから情報を取捨選択してこそ、あなたならではの原稿が書けるのです。それはウェブサイトや書籍に限らず、国内外のネットワークでもかまいません。ぜひ音楽ライターを続けながら、質がいい情報源を見つけ、温めていってください。

写真も撮ってみよう

誰でも手軽に写真が撮影できたり、テンプレートを使って簡単なデザインができる時代になりました。それでも、プロフェッショナルの写真やデザインにはやっぱり違うと思わせるものがあります。餅は餅屋と言うとおり、写真はカメラマンに、デザインはデザイナーにと専門家にまかせるのがいちばんです。ライターは文章で本領を発揮することで、プロジェクトに貢献すべきでしょう。では、プロとアマチュアとは、どこが違うのか。機材でもキャリアでもありません。クライアントや編集者のイメージを表現できるかどうかで、評価は決まります。ライターもやはり期待どおり、あるいは期待以上のものを仕上げてこそプロといえるのだと思います。

ちょっとした取材なら編集者、カメラマンさえ同行しない場合もあります。特にメディアによっては人手不足もあり、最近は良くも悪くもライターにおまかせになるケースも。となると、現場に行って、じゃあ私が撮っておきますよ、と言えるくらいの写真の心得はあってもいいかもしれません。設定はオートでもかまいません。記事にふさわしいカットが押さえられればOKです。

何を撮ってもらう？

写真を撮ることはライターにとって、自分の視点を確認する作業にもなります。例えばミュージックバーに取材に行くとして、あなたはどこに注目するでしょうか。聴き込まれたレコードが並ぶレコード棚でしょうか。誰でもウェルカムな雰囲気がある入り口でしょうか。長居してしまいそうなカウンター？　それともマスター夫妻の笑顔？　写真は撮る人の意思を映すものです。

カメラマンと二人で現場に行くときにもこの視点は役立ちます。私自身、ミュージックバーだったり、子ども向けクラシックコンサートだったりと状況はさまざまですが、初めてタッグを組むカメラマンと現場で取材した経験は少なくありません。

場数を踏んだカメラマンのなかには、最終的な誌面（画面）をイメージし、率先してさまざまなカットを撮影してくれる人もいますし、ときには「どんなカットが必要ですか？」「ここは撮影しますか？」と現場で細かく尋ねられる場合もあります。そういうとき、取材しながら書きたい記事のイメージを組み立てるクセができていれば、そこを撮ってくださいとはっきりお願いできますよね。

また、音楽専門メディアではない場合、カメラマンも音楽に通じているとはかぎりません。例えばミュージックバーの取材では店の外観と内観というキメのカットは押さえるとして、あなたがぜひレコード棚のことを書きたいと思うならライター視点で撮影をお願いしてもいいのです。カメラマンがベテランだと言いだしにくいかもしれません。でもそこはライターとして遠慮せず、必要な撮影をお願いしてください。

ライターが編集者を兼ねる（またはその逆）というケースはいまでもよくあります。ウェブメディアの仕事だとその境目はますます曖昧になっているのではないでしょうか。さらには自分たちのメディアを作ろう！と決めたなら、一人で何役もこなさなければいけない側面も出てくるでしょう。

私自身もライター兼編集者として、ガイドブックをはじめさまざまな本の制作に携わってきましたが、印刷物でもウェブサイトでも、現場で制作のプロセスを学んだ経験は、メディアに携わる仕事をするなら必ず役に立つでしょう。

でも勘違いしないでください。べつに、なんでもかんでも一人でやれるスーパーマンになることをお勧めしているわけではありません。たくさんのプロフェッショナルと仕事をする面白さは何ものにも代えられません。「まかせたよ」と言えることは、いい仕事をする秘訣の一つです。

ただ、最近のフリーライター向けの仕事サイトを見ると、企画を考え、取材先との交渉も自分でおこない、取材後は校正のやりとりをして、ＣＭＳ（コンテンツ管理システム）で入稿（ウェブサイトを更新）してくださいという内容の募集が見受けられます。編集者やディレクターはいったい何をするんだろうと首を傾げてしまいます。メディアによっては、どうも編集者という概念がなく、人材を配置・管理するのが仕事だと考えているようにもみえます。なんでもやってみよう！という意欲があるなら別ですが、抱え込んで消耗してしまうような仕事の仕方はお勧めしません。

企画力を磨く

原稿を書く仕事は、編集者やディレクターから頼まれることがほとんどです。彼らのイメージを言葉で具体的にしていくのがライターの腕の見せどころだといえます。

しかし、ときにはあんな特集はどうだろう、こういうシリーズはできないだろうかと、企画の初期の段階から参加することがあります。自分のアイデアが具体的になっていくプロセスは、大きなやりがいを実感できます。

企画は百発百中とはいきません。売り込んでも相手にされないこともありますし、アイデアはよくても金銭的に難しかったり、人手が足りなかったり、さまざまな要因で実現できないこともあるでしょう。それだけに最後までやり遂げたときは、音楽ライターとしても大きなキャリアアップになります。もし実現しなくても、能動的に企画を考える経験はメディアに生きる人間としての成長に確実につながるはずです。

そして、実はメディアの側もフレッシュな企画を待っています。

メディアは企画が勝負です。編集者や放送作家のなかには定期的にいくつもの企画を提出しなければならず、頭を悩ませている人が少なくないでしょう。絞り出す苦しみはありますが、実現すればそれは喜びに変わります。以前在籍していた編集部では、なんとか自分の企画をトップページに採用してもらうためにプレゼン合戦になりました。例えばミュージックバーの特集をするにしても、五人いれば五人の視点があります。逆にあなたらしい視点をもっていることが当たり前であり、店を十軒紹介しますというだけでは、内部のプレゼン合戦も勝ち抜くことはできません。

企画とは、つまりやりたいことであり、出発点はあなた自身の思いにあります。どうしてもこれをやってみたい！という思いの強さがほかの人を動かします。

「誰それの最新作についてインタビューしたい！」「こだわりがある中古レコード店の紹介をしたい！」という企画を出して、じゃあやってみてと言われることもあるかもしれません。まず手を挙げてみる！の姿勢はここでも重要です。ただ多くの場合、それだけでは企画とはいえません。ファンだから会いたい！、好きだから行ってみたい！と立候補したにすぎないからです。

みなさんも書きたいテーマ、作ってみたい本などをまずは十個、考えてみてください。

どうしてそれがやりたいの？と理由を尋ねられたとき、どう答えるかが重要です。

理由を考えるとき、その基本になるのは、誰に向けて発信するのかということです。個人の欲求を満たすだけの企画ではダメだし、企画を通そうとして、つい上司やクライアントに納得してもらうことばかりを考えてしまうのも方向を誤っています。最後に待っているのは読者です。

売れるわけがないと担当部署から一蹴された商品開発のエピソードを耳にしたことはありませんか？　最近ではローソンストア100の「だけ弁当」がそうですね。おかずはケチャップ付きのウインナー五本だけという小ぶりのお弁当で価格は二百円。見た目の彩りやバランスを捨てた潔さが受けて好評とのこと。一緒にサラダやドリンクを買う人もいて売り上げ的にも心配するほどではなかったようです。

音楽に関係ないだろうと思う人もいるかもしれませんが、実はこうしたほかの分野で起こっていること、見聞きしたことが膠着した考えを柔らかくしてくれるものです。

またほかの分野にアンテナを張っておくことは、企画を通すときに避けては通れないコストの問題を考える際にも役立つはずです。本を一冊作るのにいくらかかるのか。ウェブメディアを立ち上げて運営するためには何が必要なのか。まず調べてみることはムダではありません。

しつこく企画力を磨く

企画は雑誌やメディアだけに限りません。いま一つ突破口が見いだせずに悩んでいるアーティストも多いはずです。きみたちは売れないよとレコード会社に門前払いされ、悔し涙をのんだ人たちもいるでしょう。あなたが応援するそうしたアーティストと一緒に道を切り開くためのアイデアを考えることもできるかもしれません。

かといって誰にでも受け入れられるようにと、大衆の顔色ばかりうかがっているとそれもまた面白い企画にはなりません。優等生的な小ヒットは出せるかもしれませんが、たまには自分の直感を信じて弾けた企画を出してもいいかもしれません。

私は以前、海外で出版された本を参考にしてアメリカの音楽観光ブックや音楽手帳という企画を出したことがあります。しかし、「妹尾さんの周囲にいる人は面白がるだろうけどね」と愛想笑いされて終わってしまいました。

いまはその類いのガイドブックもあるし、『地球の歩き方』（地球の歩き方）のアメリカ篇にはニューヨークやロサンゼルスのような大都市だけでなくアメリカ南部のセクションもあります。また手帳については本秀康さんの表紙が印象的な「レコード・ダイアリー」（ミュージック・マガジン）が発売されています。私のアイデアを形にするためには提案の仕方にもうひと工夫必要だったのだろうなと思います。内容の具体性が足りなかったり、企画書にわくわくする要素が欠けていたり、理由はいろいろ考えられますが、とにかく編集者のゴーサインを得られなかったのは事実です。予算の問題があるなら、周囲の人にリサーチしてもっと味方を増やす努力も必要だったかもしれません。実現するために一人の編集者だけでなく、ほかの人にも相談する行動力も足りませんでした。

もちろん、企画が実現するかどうかにはタイミングもあります。しかしたまたま運が悪かったとぼやくだけでは、いつまでたっても夢は実現しないでしょう。

二〇二二年秋にDU BOOKSが出版した『ニューオーリンズR&Bをつくった男 ヒューイ・〝ピアノ〟・スミス伝――ロッキング・ニューモニア・ブルース』（ジョン・ワート、陶守正寛訳）は、題名のとおりニューオーリンズの重要アーティストの伝記本。ジョン・ワートに自らコンタクトをとり、「ブルース&ソウル・レコーズ」のライターとしても活躍する陶守正寛さんが翻訳した渾身の一作です。一九五八年に大ヒットしたヒューイ・〝ピアノ〟・スミスの〝Don't You Just Know It〟はサントリーの清涼飲料水やビールのCMに使われたこともあります。「アハハハ、エーイオ、ドゥバドゥバドゥバドゥバ（Ah ha ha ha Ay ay Oh　Doo Bah Doo Bah Doo Bah Doo Bah）」のコーラスを聴けば、「あっ！　あの曲か」とわかる人もいるのでは？

陶守さんはどうしてもこの本を一般の人に読んでほしいと、誰に頼まれるでもなく翻訳を進めていましたが、出版までには実に八年の歳月を要しました。死んでからではなく生きているうちに作品を、という思いから何年もあちこちにはたらきかけてきた様子を傍らで見ていたので、発売決定の知らせを耳にしたときは、やったね！と自分のことのようにうれしかったです。

企画を形にするためには、生み出す情熱に加え、実行する情熱も必要になります。どうしてもみんなに聴いてほしい音楽、届けたい思いがあるなら、しつこくがんばってみてください。これは自分にも言い聞かせたいひと言です。

4　業界のことを知る

タイアップ記事は、提灯記事？

メディアでは広告を掲載してもらうお返しに掲載する記事をタイアップと呼びます。最近はステマ（ステルスマーケティング）問題などもあって、読者も宣伝かどうかに敏感です。右隅に小さく「ＰＲ」と入っていることではじめてタイアップだったのかと気づく場合もあるでしょう。あるいは「オリコン・ニュース」などのエンタメ系サイトのアーティスト紹介記事に「ＰＲ」と明記されていることもあります。

タイアップなんて作品を持ち上げなければいけない提灯記事じゃないか、スポンサーに気を使った記事は書きたくないと考える人もいるかもしれません。それはそれですがすがしいスタンスであり、そういう人は断ればいいだけです。

確かに雑誌にレコード会社のリリースに合わせた大特集ばかりが続くと、編集部のアイデンティティーが薄れてしまうようでちょっと寂しい気がするときはあります。『ボヘミアン・ラプソディ』のヒットもあり次々に話題の音楽映画が封切りになる昨今、厳密にはタイアップではないものもありますが、それに合わせた特集が続くことに対して「コバンザメのようだ」とアイロニー含みに語る人もいます。ただ、話題の作品を軸に深掘りしようという方向性は、裾野を広げるという意味では決して間違いではないと思います。ですから、タイアップ＝悪といった単純なものさしでは測れないものです。

最近では、企業とアーティストが協力してイメージアップを図る場合はコラボレーション記事（コラボ記事）と呼ばれることもあります。呼び名が変わっただけだという厳しい見方もありますが、応援したい作品だからと納得して書くのであれば、決して提灯記事ではありません。主人のために提灯を持って先導し足元を照らすのが提灯持ちの役割だったことから転じて、権力者のために積極的に長所を宣伝して回る人を提灯持ちと呼ぶようになったわけですが、そのような主従関係ではなく、一緒にシーンを盛り上げようとする立場だと考えれば納得できるのではないでしょうか。

提灯記事とコラボ記事の違い

提灯記事とコラボ記事の違いは熱量だと思います。編集者やライターがどれだけ作品や商品に本気になれるかどうかといってもいいでしょう。メディアもビジネスですから、広告をすべて遮断する理由はありません。ただ自分たちのなかでどこまでなら引き受けるのかという線引きをしているメディアは誠実だといえます。同じことは音楽ライターにもいえるでしょう。

ただ、第1節のなかの「「はったり」で育つこともある」の項で書いたことにも通じますが、私は、新人ならタイアップでもコラボ記事でも一度はトライしていいのではないかと考えています。スポンサーと編集部の意向に耳を傾け、記事に何を求められているのかを的確に捉える練習になるからです。特にいつも好き勝手に書いてきた人には、縛りのなかで書くいい機会になるかもしれません。そのうえで、自分はどこに線引きをするのか決めていけばいいでしょう。

最近は個人の「YouTube」にも明らかなタイアップ広告がみられるようになりました。インフルエンサーと呼ばれることに浮かれているようにみえるものもあれば、絶妙な距離感で自分のコンテンツに商品を取り込んで紹介している人もいます。見ているのはそのチャンネルのファンですから、結局大切なのはその人のスタンスが崩れていないかどうかです。自分の立ち位置が明確であれば、タイアップだろうとコラボだろうと怖くないし、見ている人も安心します。むしろその人が勧めるのだからと信頼を置くようになります。

褒められていやな顔をするスポンサーはいません。でも、褒めていれば仕事がもらえるならと、提灯持ちの役回りばかりすることがないように。そこだけは気をつけましょう。

つながりってコネなの？

確かに顔見知りや知人の紹介で仕事をもらうことは多いものです。でもそれは音楽業界に限らないのではないでしょうか。

それじゃあちこちにコネを作らなくちゃ、と考える人もいるでしょう。実力がある編集者やプロデューサーと懇意であればチャンスは増えるかもしれません。ただ、コネを作ることが目的で生まれた人間関係は案外もろいものだと感じます。人と人との関係はいかに長く深く続いていくかが大事です。友達がたくさんいないと嘆くより、一人か二人の心おきなく話せる友達を大切にするほうがいいと思いませんか？

音楽の世界でも時間を忘れて音楽の話ができる関係こそがいちばんの宝物。私はそうした関係を「コネ」ではなく「つながり」と呼んでいます。あるときは情報を発信したり受け取ったり、そうした小さなギブ&テイクの集まりが大きな音楽ネットワークになっていきます。

つながりは編集者やレコード会社のプロデューサーのような役職がついた人に限りません。みなさんの周囲にいるレコードを貸し借りしたり、一緒にライブに行ったり、楽しく音楽の話ができる友達や知り合いを大事にしてください。そうした利害関係を超えた「つながり」があればこそ音楽ライターとして成長し、ひいては、仕事にもつながったりしていくのだと思います。

ちょっとだけ、現場でのマナー

音楽ライターも仕事ですから、社会人としてのマナーは心得ておくべきでしょう。

社会人としていちばん大切なのは約束を守ること。ライターなら締め切りを守ることがそうですね。これは絶対です。編集者も心得たもので、少し早めにデッドラインを設定していたりするものです。それでも遅れるときはひと言伝えるように。優秀なライターでしたが、締め切り破りが続いたことで編集部や制作の現場と疎遠になってしまった人もいます。

また最近は、守秘義務についても厳しくなりました。コンサートや映画情報、アルバムリリース日、詳細については情報公開日が設定されている場合もあります。ここだけの話なんだけどね……ということがないようにしましょう。

権利の取り扱いについても注意が必要です。インターネット時代になり、コピー&ペーストが容易になったぶん、著作権をはじめとするライセンスの扱いについてもひととおり認識しておきたいところです。

アーティストやジャケットの画像を無断で使うことはもちろん、雑誌の表紙や記事をそのままブログに貼り付けたりするのはNGです。原稿への引用や転載の仕方なども一度確認しておくといいでしょう。『クリエイターが知っておくべき権利や法律を教わってきました。――著作権のことをきちんと知りたい人のための本』（鷹野凌、福井健策監修、インプレス、二〇一五年）をはじめ、クリエイター向けの書籍や講座、「YouTube」動画などもいくつかありますので、ちょっと気に留めてみてください。

小規模なライブで特に断りがないときも、アーティストに「写真を撮影していいですか?」「ブログに載せますがかまいませんか?」とひと言声をかけるこまやかさをもちましょう。

エチケットという点から、最後に音楽ライターと服装について話しておきましょう。常識の範囲内であれば決まりはありませんが、ウェブに「ライブに行くときの服装は?」「オフィスカジュアルって何？」という記事があるところをみると、服装について心配な人もいるのではないでしょうか。

音楽ライターをしていていちばん服装に気を使うのはインタビューのときですが、基本的に相手を不快にさせない格好なら問題ありません。強いて言うなら、相手に合わせるのがポイントです。

アーティストのグッズを身に着けたり共通の話題になりそうなTシャツを着ていけば、そこから話が盛り上がるだろうし、逆に若くてパンキッシュなバンドの取材にあまりかしこまった服装で行けば、相手も硬くなってしまうかもしれません。相手がレジェンド級アーティストであれば、きちんと感を出すために、ジャケットの一着もあると重宝します。私は先輩から「襟がついた服なら失礼にならない！」と教わったので、ジャケット以外にパリッとしたシャツを用意しています。

以前、海外から招かれたオーケストラの指揮者にインタビューする機会があり、私やディレクターはジャケットを着ていきましたが、リハーサルのあとだったこともあり本人はTシャツで拍子ヌケしたことがありました。でも同席する広報担当や通訳はきちんとしたスーツ姿だったので、現場の釣り合いは取れていました。アーティスト本人だけでなく、周囲のスタッフから見た〝きちんと感〟も印象を左右するということは頭の片隅に入れておいていいでしょう。

ライターはインフルエンサー

「あの人が紹介しているアーティストなら聴いてみよう」と思わせる記事を書けるなら、ライターもまたインフルエンサーだといえます。批判であってもなんであっても情報を信頼して素直に受け入れてもらえるからです。あえてインフルエンサーを目指す必要はありませんが、一人のライターがそれだけの影響力をもちうることは意識したほうがいいでしょう。

高校時代の友人に「『Twitter』見てるよ」と言われると驚きます。「いいね」の数やリプライに関心を奪われがちですが、何のリアクションもしないがチェックしているという人は案外多いもの。発言の重みを感じます。

それだけにSNSとの付き合い方には私も悩むところがあります。アーティストなら、おいしかったランチや旅先でのワンカットからのぞく素顔を喜ぶファンもいるでしょう。それがイメージアップにつながることも多いはずです。でも音楽ライターのフォロワーが期待するのは九九パーセントが音楽に関することであり、迅速な情報提供です。以前、ある編集者も「ぼやきたいこともたくさんあるけど、誰も期待してないですから」と苦笑いしていました。

すでに上手にバランスを取って発信している人もいると思いますが、みなさんは音楽ライターのSNS利用をどのように考えますか？　音楽ライターが音楽以外のことをつぶやいちゃいけないなんていう決まりはありません。フォロワーはそれを見て、この人はこういうスタンスなのだな、こういう見方をしながら音楽を聴いているのだなと身近に感じるはずです。

でもプロを目指すなら、ここはあえて内容を音楽に特化させ、読む人を意識したSNSに衣替えしてみませんか？　プライベートなアカウントとは分けて運用するというわけです。自前の音楽メディアとして、SNSが自分の音楽に対する姿勢をアピールする場にもなります。

音楽と政治は別のもの？

音楽に政治を持ち込むな！という声があります。私自身、特定の政党支持を声高に叫ぶわけではないし、アーティストの発言によって作品の良し悪しを判断することもありません。ただ、生きていくうえで暮らしと政治は無視したくても無視できないものです。何より特定の政党によらず、表現する自由が奪われるような政策がおこなわれそうなときは、音楽を愛する立場からも声を上げたいと思っています。

もちろん、音楽はユートピアなのだから現実を見せてくれなくていいという意見もわかります。ルーツを勉強すべきだと強要もしません。ただ音楽ライターを名乗るなら、原稿に反映させるかどうかは別にして、「音楽って楽しいね」に終始するのではなく、一度はその音楽が生まれた背景にも思いを馳せてほしいなと思います。音楽は、暮らし、人の営みから生まれるのですから。

平和な世の中でなければ音楽を聴いたり演奏したり、フェスを楽しんだりすることはかないません。ですから、アーティストや音楽関係者が政治や社会に物申すのはごく自然なことです。直接政治を語らなくても、生きづらい世の中に対して思うところがある人はいるでしょう。

ヒップホップはこうした社会をリアルに映し出す音楽の一つだと思います。T.I.やチャンス・ザ・ラッパー、カーディ・Bらが審査員を務めた「Netflix」のオーディション番組『リズム＋フロー』（アメリカ編、二〇一九年）は、ヒップホップという音楽がどれだけリアルな声を反映しているものなのかを私に教えてくれ、音楽が求められる背景を考えるきっかけになりました。

メンフィスのナショナル・シビル・ライツ博物館を訪ねる

出場者の多くは、いまの生活から抜け出すためにどうしてもチャンスをつかみたいと切望してチャレンジしています。貧困や暴力といった厳しい環境を歌う人もいれば、家族への思いを歌に託す人もいます。厳しい環境のもとで強いつながりを求める気持ちから生まれたラブソングもあります。愛する人を守りたいという気持ちは世界共通ですが「ラブ」という単語ひとつにもさまざまな背景があるのだとあらためて気づきました。

また私自身、ブラックミュージックに関わって生計を立てているかぎり、自分が好きになった音楽の成り立ちを知るために社会やルーツを学び続けることは必要だと思っています。

以前、アメリカ南部メンフィスにあるナショナル・シビル・ライツ博物館（国立公民権博物館）を訪ねたことがあります。マーティン・ルーサー・キング牧師が凶弾に倒れたロレイン・モーテルと向かいにある狙撃現場の建物を利用して、人間の権利について学ぶことができる場所です。黒人が自由と権利を求めた公民権運動はソウルミュージックなどの音楽との関連が深いことから、レコードもたくさん展示されています。一つひとつの展示を丁寧に見て回りながら、一人の人間として感じ入るものがありました。自分はアメリカ国民でも黒人でもないけれど、人間らしく生きるために歌われた歌の数々に共鳴したことは間違っていなかったと感じる瞬間でした。

この体験は、私のブラックミュージックへの理解を深めてくれ、音楽を聴くときにも確かな視点を与えてくれたと思っています。誤解がないように書いておくと、ブルースという音楽は決して奴隷制度に基づく深刻な体験ばかりを歌っているわけではなく、ほとんどは男と女の戯れ言だったり、ぼやきだったり、曲によってはダンスミュージックの要素が強かったりします。しかし一見どんちゃん騒ぎをしているだけのようにみえても、その成り立ちを知り、ダンスミュージックを求めた人たちの背景に思いを馳せることで、「この曲はこんな視点から読み解くこともできます」と読者に提示することができるわけです。

もちろん歌詞に無理やり意味を求めることには危険もあります。ただ、その歌が生まれた時代を考えるとき、社会のさまざまな現象を無視することはできないように思います。ちょっと理屈っぽくなってしまいましたが、あなたなりに音楽と社会はどんなふうに影響しあっているのかなと考えてみませんか?

音楽の外にテリトリーをもつ

音楽ライターは音楽の専門家であると同時に、書き手としてプロフェッショナルでなければいけません。音楽だけ聴いていればいい、音楽の情報だけを伝えればそれでいいと自分をガチガチに縛り付けてしまっては、魅力あふれるライターとして長く活躍するのは難しいように思います。自身の感性が摩耗してしまえば音楽を捉える力も弱くなり、しなやかな文章を書くことはできないでしょう。

そのためには、第3章でも述べたように、スポーツでも旅行でも料理でもいいので、リラックスできて五感が刺激されるようなもう一つの居場所をもつことをお勧めします。私の場合なら演芸を観たり、アートにふれたり、動物園に行ったりすることでしょうか。一時は音楽よりもコントや漫才に夢中になった時期があり、あれ?、今月はレコードを買わなかった……と軽く罪悪感をもったこともありましたが、そもそも自分が引かれるものには、共通する何かがあります。それらは私が生きるうえで大切にしているものをあらためて認識させてくれるだけでなく、新たなものの見方を教えてくれるし、根底ではつながっていて、最終的には音楽と結び付いてしまいます。

例えば、私はパブロ・ピカソの絵画から「カタチにとらわれるな」というメッセージを感じたあとで、自由な発想によってクリエートされた音楽を聴くと、鮮やかな色とともにイメージが目の前に広がっていくのを感じます。また、最近では落語とブルースとの間には同じ作品でも演じる人によって味わいが変わるという共通点があると考えるようになりました。

レコード店やライブ会場ではないところで会う人たちを通じて、こういうところにも音楽が好きな人がいるんだなと、日常で音楽を求める人の姿が見えてくる場合もあります。

結局、何をするにしても物書きとしてムダなことはありません。人間の心の動きが生み出した音楽を言葉で表現するには、自分のなかにも豊かな心の動きがあったほうがいい。感受性と言い換えてもいいかもしれません。人間としての感受性を磨いていきましょう。

知り合いに「おとう」と呼ばれる沖縄の多良間島出身の男性がいます。米寿を迎えてもなお近隣のライブに足を運び、気に入ったアーティストには賛辞を贈り、指笛を吹き、ときにカチャーシーを踊って応えます。私もこうやって心から音楽を楽しみながら年齢を重ねたいと、会うたびにその横顔を見つめています。

大人になるにつれて、自分のやり方を変えるのは難しくなります。そうかと思えば、六十歳七十歳とだんだん人に対してやわらかく接することができるようになる人もいます。いま、私は素直に音楽に、人生に向かい合えているかな？　いくつだろうとときどき立ち止まってそんなことを考えるのもいいかもしれません。

第6章

ライターを一生の仕事にしよう

さて、晴れて音楽ライターへの一歩を踏み出したなら、できるだけ長く続けていきたいですよね。私も気がつけば学生時代から四十年あまり音楽について書く仕事を続けてきました。情熱ばかりが先走っていたころに比べるとそれなりに知識も蓄えられ、少しばかり客観的に論じることができるようになったと思います。まだまだではありますが。

音楽に深入りするきっかけを与えてくれた年上のアーティストたちが鬼籍に入るたび、これから夢中になれる音楽はあるのかな?、何を生きがいにすればいいのだろう、と悲しい気持ちになることもありました。

でも、それは取り越し苦労だったようです。いまは自分の子どもよりも若い人たちの音楽にワクワクさせてもらっています。先日はそうした若いアーティストから、ぜひ公式サイトに紹介文を書いてほしいというほしいうれしい依頼もありました。

回り道もしましたが、まだまだ書きたいこと、書くべきことがあると思う毎日です。音楽ライターをやめる日がくるとすれば、その気力が失われたときかもしれません。

本章では未来をクリエートしていくみなさんと、息長く書き続けるにあたって気になること、心がけたいことを考えていきます。ちょっとだけ自分へのエールも込めて。

1　自分のスタイルを見つける

ジャンルを突き詰める？　オールラウンドでいく？

みなさんにとって手本にしたいなと思う音楽ライターは誰ですか？　印象に残っている記事はありますか？

おそらくそうしたライターはあちこちで名前を見かけるというだけでなく、心に刺さる文章を書いている人ではないでしょうか。

ロマンがある書き方を貫くのか、あるいは事実をひたすら深掘りしていくのか。アプローチはいろいろですが、心がけなくてはいけないのは、初めて読む人にも伝わる文章を書くこと。そのための努力はロングランナーになるために不可欠だといえます。あの人が書いているなら読んでみたいと思われるようになったらうれしいですよね。

第１章の内容とも重なりますが、今後、編集部から頼まれてレビューをするだけの音楽ライターの需要は少なくなっていくはずです。雑誌やウェブサイトをはじめ、メディアのスタイルもさらに変わっていくことでしょう。音楽に限らず、ライターがプロフェッショナルとして食べていくためには、これまで以上に時代に合わせた相応の努力が必要になるはずです。

一つのジャンルを突き詰めたいのか、それともライティングに限らずオールラウンドに活躍したいのか、一度じっくり考えてみてください。そしてDJでいくにせよ、プレイリスターを兼ねるにせよ、ライターと名乗るかぎりは、文章で伝える努力を怠らないでいきましょうね。

人脈づくりってなんだろう

セルフブランディングという言葉が盛んに使われるようになって、どれくらいたつでしょうか。自分の見せ方、売り方を考えるのは必要なことです。ただ単に「私はライターです」「音楽ライターで雑誌に書いてます」と挨拶するより、「弾き語りを中心に月の半分はライブに足を運んでいます」とか、「ブーム前からK―POPを追いかけていて韓国語も話せます」とひと言付け加えるほうが、あなたのイメージはより具体的になり、仕事も頼みやすくなるでしょう。

広告関係の仕事をしている友人から「もっと売り込んだほうがいい」と勧められたこともありますが、私は出版社やレコード会社を回ったことはありません。制作物を編集部に送ったり、名刺交換した際にお礼のメールをしたりすることはあっても、積極的に営業をしてきませんでした。ずぼらなのもありますが、まず確実にキャリアを積んでからという気持ちで、そのうちそのうちと思いながらここまできてしまいました。

でも「私はここにいます!」と手を挙げる一つの方法として、やれるならやったほうがいいと思います。そのためにポートフォリオ（作品集）を準備しましょう。ブログも十分あなたの顔になりますが、最近は無料でウェブサイトを作れるサービスもあります。プロフィルやブログ、作品へのリンク集を貼った自己紹介がわりのページを作るのもいいでしょう。

イラストレーターやデザイナーに比べてライターはひと目でわかる作品を見せづらいのですが、自分が書いた原稿をプリントしてファイルしておくのも悪くありません。いまどきプリントなんてと思うかもしれませんが、渡せばすぐに見てもらえるという利点があります。

音楽の世界に限らず、フリーランスは人づてに仕事を頼まれることが多いものです。まめに編集者やレコード会社の担当者と話したり、現場に顔を出したりすることで、「実は今年の夏に新しいシリーズを予定しているんですよ。ライナーを何本かお願いできませんか？」といった具合に仕事のチャンスが増える可能性があります。リラックスした雑談から次の企画が生まれたり、新たな知見を得たりすることがあるのも確かです。

どうしてもこの人にお願いしたいことがあると思えば、手紙を書いたりメールをしたりすることもあります。実際、イベントに協力してもらいたくて著名なフォトジャーナリストに直筆の手紙を書いたところ、丁寧な返信があり、さらにいろいろな人とのつながりが生まれた経験もあります。このときは、躊躇せずお願いしてみるものだなとしみじみ思いました。

だからといって、私は〝人脈づくり〟と称して、やみくもに名刺を配りまくることはしません。私も書けますよ、誰それにも顔が利きますよと売り込んで、きた仕事にYESだけ言い続けていれば仕事は増えるかもしれません。フリーランスならガツガツ仕事を取るのが当たり前でしょと怒る人もいそうですが、気が進まないなと感じる仕事も含めて、何でもかんでも請け負う便利屋になることが目的なのでしょうか。ましてギョーカイ人のように立ち回ることを目指しているわけでもありません。

もちろん、このあたりは一人ひとりの美学に準じるところだと思いますから何が正解とはいえませんが、自分の生き方と重ねて進む先を考えてみてください。

バックステージパス目当てはやめよう

この仕事を続けていると、ありがたいことにコンサートに招待してもらう機会があります。そんなときは事前にSNSでコンサート情報を知らせたり、終了後は感想をネットにアップしたりするなど、ライターだからできることで応えるようにしています。差し入れをするとか、店によっては一杯余計にオーダーするとか、そんな小さな心がけでもいいかもしれません。余裕がない駆け出しのころなら、ありがたく享受していずれライターとして仕事でお返ししていきましょう。

招待にも二種類あります。いわゆる興行主や関係者からの招待と、アーティストから直接受けるお誘いです。特に、一度ステージを観てくださいと声をかけてくれるアーティストはやる気がある証拠。すべてに応えられないのは心苦しいのですが、できるだけ足を運ぶよう心がけています。

なかには必ず一般の窓口でチケットを買って来場する音楽関係者もいます。あわただしい現場を知っているからこそ楽屋を訪れずに黙って差し入れだけして帰る人もいます。そして、そんな謙虚さは必ずアーティストにも伝わります。

いずれにしても、忘れてはいけないのがチケットを購入して来場するお客さんへの想像力。楽しみにしていればしているほど、お客さんは誰にもじゃまされたくないものです。みんなで盛り上がっているときに、腕組みして微動だにせず観ている関係者らしき人が目に入ると、ちょっと興醒めですよね。招待客であろうとなかろうと、とにかく一緒に楽しむ。これに尽きます。

あるライブハウスのスタッフが「出演者やお客さまと親しくなりすぎないよう気をつけている」と話してくれました。こんな心がけをしている店は信頼できると思いませんか？　その心がけを聞いて出演者からもお客さんからも愛される理由が一つわかったような気がしました。ライブハウスに限らず、オーナーと友達がおしゃべりしてばかりいる内輪ノリの店からは、どうしてもお客さんが離れていきます。

アーティストとは必要以上に親しくならないと断言するライターもいます。音楽ライターはやはり黒子的な存在なので、適度な距離感を意識することは必要です。仲がいい友達の演奏を紹介するのとはわけが違いますから。

もちろん人間同士ですから、信頼しあえる関係になってはじめて一つの作品を作るためにタッグが組める音楽の仕事もあります。ライブが終わってから話すことで「やっとゆっくりお話しできてよかった」「私もです」とお互いに打ち解ける場面も何度か経験してきました。

でも、デメリットもあることは常に意識しておきましょう。とにかく音楽ライターは響く文章を書くこと！　それではじめてアーティストにもお客さんにも認められます。これは打ち上げでついはしゃいでしまう自分への反省も込めて。

かつてエンターテインメントの世界では、デモテープのほかにレコード会社や制作会社の人がこまめに現場を回って新人を発掘していました。いまは「YouTube」やSNSがとっかかりになることが多いようですが、やはり自分の耳で聴き、目で観て、これだ！と感じるインパクトにはかないません。せっせと足を運び、新しい才能と出合い、リスナーとつなぐ手伝いもしていきましょう。

ライターにとっての努力とは

つまらなくても楽しくても、人に会うとエネルギーを使います。私も周期的に一人でいたいなぁと感じる時期がやってきます。人に会うより家でレコードを聴いているほうが楽。その気持ちもわからないでもありません。

メディアで紹介されるフリーライターやジャーナリストには非常にエネルギッシュな人が多いものです。初対面であっても未知の場所であってもものおじしない姿に、自分にはできないと二の足を踏む場合もあるでしょう。

でもそれはライターの絶対条件ではありません。ライターにとっての努力とは、誠実に原稿を書き続け、あの人の文章は信用できると思われるようになること。何かあれば、あの人に頼みたいと思ってもらえる仕事をし続けること。これに尽きます。とりわけ音楽ライターは誰かに取材しなければ書けないジャンルのライターと違って、一つの作品をじっくり聴いて言葉にするのが仕事です。ラジオ出演やイベントのMCができなくたっていいんです。

幸い、いまはSNSやブログもあります。音楽と真剣に向き合い、読み応えがある文章をコツコツと書き続けていれば必ず見てくれている人がいるものです。

もちろん、これは隠遁のススメではありません。会えるなら会いにいったほうがいい。行けるなら行ったほうがいい。誘われたライブにはなるべく足を運んだほうがいい。人脈を広げるとか、顔を売るとかいうそんな下心とは関係なく、体力と気力があるうちにがんばってみてください。それにちょっと疲れを感じた夜、誘われたライブに行ったらもやもやが晴れた、そんな経験をもつ人もいるのではないでしょうか。

年齢のせいかもしれませんが、最近、出会いは量より質であることを実感します。人生を豊かにしてくれるのは、一万人分の名刺の束よりも、一杯飲みながら最近聴いた一曲の話ができる人の存在だなぁとしみじみ思うわけです。音楽ライターを続けるうえでも、つながりはきっとあなたの仕事を実り多いものにしてくれるでしょう。好きな音楽を通じて出会った掛け値なしの縁を大切にしてください。

それって自信をもてる情報ですか？

知り合いのライターＡさんが、とあるネットメディアの記事に対して嘆いていました。昔、別の媒体でＡさんが初めて明らかにした事実が、まるでそのライターが新たに取材して得た情報であるかのように使われていたとのこと。苦労して引き出したエピソードであれば悔しい気持ちになるのも当然です。

結局、そのネットメディアが情報の出典を明記することによって事態は収まりました。具体的に

Aさんの名前を出さなくても「以前、耳にしたところによれば」とひと言あれば、心象はかなり変わっていたでしょう。音楽メディアではないので、専門的な内容について編集者のチェックも行き届いていなかったのかもしれません。

ただネットで毎日多くの情報にふれる現在では、悪気がなくても起こりうることだと感じます。記事を読んで頭の片隅にインプットしたことを、その記憶も曖昧なままアウトプットしてしまうことが自分にも起こらないとはかぎりません。

最近、エビデンスという言葉をよく耳にします。証拠を出せと迫るような使い方はあまり好きではありませんが、内容を証明できるだけの材料を自ら用意することはライターとして必要な姿勢です。

その際「『Wikipedia』にあったから」なんていうのは問題外。ご存じのとおり「Wikipedia」は世界中のボランティアが作る巨大な辞典です。ネットならではの取り組みとして面白いし、情報をより完璧なものにするために私も編集者としてデータを追加することがあります。でも、そこにはやはり書きっぱなしでチェック機能がないという危険も潜んでいます。

「Wikipedia」以外の個人ブログも時折、誤った情報をもとに書いていることがあります。厄介なのはそれを複数の人がコピペして使い回し、いつしかあたかも真実のように流布されてしまうことです。

ですから「原稿を書くときは、まず公式サイトから」を心がけましょう。そして自分の手に負える範囲の一次情報をベースに原稿を仕上げることが大切です。

あの人は受け売りばっかりと言われるのは不名誉ですが、知識なんて自分がそれまで見聞きしたことでできている。これもまた間違いではありません。本で読んだこと、友達が話したこと、それを自分のなかで咀嚼し反芻して、日々自分の栄養にしながら生きているのが私たちなのでしょう。それだけに、音楽について書くうえでやはりいちばん大切なのは自分の耳で聴くこと。文字情報は、あくまであなたが聴いて得た情報を補うものとして使うようにしましょう。

持ち上げるだけがリスペクトじゃない

すでに述べたように、音楽ライターの仕事はアーティストとリスナーがいなければ成り立ちません。書籍が売れたり、テレビやラジオで番組をもって顔を知られるようになったとしても、音楽ライター・音楽評論家と名乗るかぎり、やはり主役は音楽を生み出す人、音楽を待っている人だと思っています。

リスペクトするとは持ち上げることばかりではありません。真剣に作品に向き合い、自分の言葉で表現する。その結果、厳しい表現になるとしてもやむをえません。

虎の威を借るなんとやらで、○○さんにも△△さんにもインタビューしたよ、××さんとは友達付き合いしてるよと、自己紹介をするときについ有名人の名前を並べたくなる人の気持ち、わからないでもありません。私だって、うれしくて学生時代の同級生に誰それと仕事をしたと話すことがあります。十代のころから聴いてきたアーティストだったらなおさら。ライターを続けていてよかった！、あのころの私に教えてあげたい！と心のなかで叫んだことも何度かあります。

でも、どんなときも主役はあくまでアーティスト。会ったことが重要なのではありません。評価されるべきはインタビューしたという事実ではなく、その内容です。アーティストから受けた感動をあなたの仕事でお返ししましょう。

2　音楽業界とジェンダー

結婚しても、子どもがいても続けられる？

結婚・出産をしても、音楽を聴いて原稿を書く時間さえあれば、音楽ライターは変わらず働けます。

私の場合、原稿は出産直前まで書いていました。妊娠期間を順調に過ごすことができれば、ぎりぎりまでパソコンに向かうことは難しくないと思います。仕事への復帰は赤ん坊の首が据わったころから。ちょうどシカゴからシュガー・ブルーというアーティストを招聘する仕事に関わっていたため、一刻も早く仕事に戻りたかったのです。

出産後、私のなかでいちばんの課題になったのは、ライブを含め現場にどうやって足を運ぶかでした。

誰かの手を借りるにせよ、子どもが小さいうちはやはり外出しづらいものです。特に夜間が中心のライブに足繁く通うのは、独り身のときほど簡単ではありません。仕方ないこととはいえ子どもという存在はこちらの夢などおかまいなしだし、親がバタバタしているときにかぎって熱を出すのはあるあるです。取材や編集の仕事でどんどんチャンスをつかんでいく同期のライターと同じように働けないことに、焦りを感じた日もありました。

もっとも、私が子育てをしていたのは、タレントが職場に子どもを連れてきたというニュースをきっかけに「子連れ出勤は是か非か」が大論争になっていたような時代です。フリーランスに対する風当たりも強く、私の仕事を知った保健師さんに「もういままでみたいに仕事はできないわね え」とびっくりするような言葉をかけられたこともありました。そのころに比べると、ＳＮＳの影響もあるのでしょう、日々子育てしながら暮らす姿を自然に見せながら働くアーティストや音楽関係者が増えたようです。

ジャズを中心に活躍するライター・プロデューサーの大塚広子さんがお子さんをおんぶ紐で背負いながらＤＪをしている姿からは、どんなときも紹介したい音楽があり、とにかく現場（ライブ）が好き、という強い思いを感じましたし、ロックと日常の出来事を小気味よくつぶやく、ライター石井恵梨子さんの「Twitter」も私のお気に入りです。

親子関係って異文化交流みたいなところがあります。手本にならないダメな親を自覚していた私も、子どもに伝えられるのは自分の経験や音楽・アートなどの文化だけと思うようになってからはだいぶ気持ちが楽になりました。もちろん子どもから教わることもいっぱいあります。若い世代がいま何に興味があるのか、どんな音楽を聴いているのかを教えてくれる子どもたちはいちばん身近なメディアです。

そうそう、言い忘れましたが、パートナーの理解も重要です。家のなかをどんどん占拠していくコレクションは興味がない人にとっては理解の範囲を超えています。資料と称して保管してあるレコードや雑誌など、価値がわからない人にとってはゴミでしかありませんから。

私らしく生きる――ジェンダーと表現

ジェンダーフリーな働き方が求められるようになりましたが、音楽ライターはもちろん性別を問わず活躍できる仕事の一つです。ライターだけでなく、カメラマン、音響、照明、レコード会社の企画・広報など、音楽業界のあらゆる現場で女性たちが活躍しています。ある取材の現場では、偶然とはいえディレクター、ライター、カメラマン、広報担当まで全員女性だったこともありました。

一方で最近、音楽業界のジェンダーギャップに関するニュースを目にする機会が増えてきました。レディー・ガガ、テイラー・スウィフトといった第一線で活躍するアーティストが、女性というバイアスがかかることで能力を正当に評価されない環境に対して声を上げたり、男性アーティストの側からも「デートを断ったから仕事をやらないなんてばかげたことはやめるべきだ」という声が上がったりするようになりました。

イギリスでは、国のデジタル・文化・メディア・スポーツ省が、音楽業界で働く女性に対する性差別、ライブでのハラスメント改善を目指して調査を開始したそうです。

日本ではまだピンとこない人のほうが多いかもしれませんが、二〇二〇年には「女は音楽ライター・評論家にはなれない」(「電子計算機舞踏音楽」二〇二〇年一月五日〔https://senotic.hatenablog.

com/entry/womencritics〕）というブログ記事が話題になり、タイトルが刺激的なこともあってさまざまな意見が交わされました。その一部を抜粋してみましょう。

「日本の音楽業界、音楽メディア業界が男性社会なことがわかってしまって、もううんざりだ。作るのも、審査するのも、紹介するのも男性ばかり。ダイバーシティの数合わせに組み込まれた女性は、男性の好みの音楽をプレイし、男性ウケする発言をする。男性目線のみで選ばれ記録されたＪＰＯＰ史が、歴史として残る」

一概に人数の問題ではないとも思う一方で、音楽業界が男性目線のセレクトで構築されてきたという点については、思い当たるところがあります。

私の専門であるブラックミュージック界隈はほとんどが男性ライターです。偏見とまではいいませんが、女性シンガーに対するコメントやセレクトのなかには、理想の女性像を意識しているものも少なくないと感じることはありました。例えばエルヴィス・プレスリーの代表曲「ハウンド・ドッグ」（一九五六年）のオリジネーター、ビッグ・ママ・ソーントンはドレスを好まず、思いきりシャウトし、ドラムを叩き、ハーモニカも吹きます。最近でこそ彼女の懐の深さや人間性に着目した記事もありますが、昔はそんな彼女を紹介するとき、よく「女だてらに」という形容が使われたものです。また私自身も「女なのにすごいね」とつい口にしてしまうことがありました。女性アーティストを取り上げる際にも、男性が求めるかわいらしさと同性の私がイメージする愛らしさやかっこよさはちょっと違うし、逆に女性らしいとされる媚びのあざとさが鼻につくことも。あるいは「羽ばたく」「自由」というワード一つとっても、ときに女性と男性ではどんな抑圧から逃れたいのかというイメージに違いがあるようにも思います。

あるいは、ヒップホップにはマッチョで女性蔑視的な表現が多いという話を耳にしたことはないでしょうか。男の強さを誇示するために、権威、金と並べて女性をモノのように扱う歌詞に辟易し、最近は自分の言葉でメッセージを世に放つ女性ラッパーたちも現れています。

カーディ・Bが『Invasion of Privacy』（二〇一八年）で女性ソロアーティストで初めてグラミー賞の最優秀ラップ・アルバム賞を受賞したのは二〇一九年（第六十一回）のこと。女性ラッパーが第一線で認められたのはつい最近のことなのです。日本でもようやく女性ラッパーたちが前線に登場してきたという印象です。ヒップホップに強い渡辺志保さんや、『わたしはラップをやることに決めた——フィメールラッパー批評原論』（DU BOOKS、二〇二二年）を書いた〝つやちゃん〟といった、女性ライターによる評論も力強い後押しになっていると感じます。

それに比べると、若いときから男性ライターを手本にしてきたこともあり、私は長らく既成の評価に対して自分の意見を表せないでいました。ようやく「私は一人の女性としてこう思う」とはっきり言えるようになったのはごく最近のことです。おそらく私たち世代に比べると、みなさんのジェンダーに対する理解はもっと柔軟なものになっていると思います。これまでの価値観に居心地の悪さを感じるなら、ライターとして自分の言葉で語りましょう。

エンターテインメントに携わるなら、ジェンダーは避けて通れないテーマです。アーティストも声を上げ始めたいま、言葉を扱うライターとして、それをどのように受け止めて社会に伝えていくのか、この機会にちょっと考えてみませんか？

3　真に価値ある情報を届ける

アナログな力を信じてる

あなたはデジタルネイティブと呼ばれる世代でしょうか。おそらくインターネットで検索することなど当たり前、スマートフォンで音楽を聴くことに抵抗がない人も多いでしょう。もしかすると雑誌をめったに手に取らない人もいるかもしれません。

それは時代の趨勢なので、否定する気は全くありません。私自身も「レコードよ、さようなら。これからはCDの時代だ！」と叫ばれた時代の節目を体験しています。もうこれでおしまいなんだと感傷的になり、レコードプレス工場へ見学に行く記事までありました。そしていつの間にかVHSもブルーレイになり、一人一台ともいわれるスマートフォンは音楽を聴く道具としても機能するようになりました。おそらくこれからも思いもよらないかたちでもっと変化していくのでしょう。

ところが、ここへきてレコードが脚光を浴びています。一過性のブームかと思いきや、そうでもなさそうです。東京・吉祥寺のタワーレコードが閉店したり、専門店が実店舗からオンラインストアに鞍替えしたりする一方で、私の家の近所には小さなレコード店が次々に誕生しています。音がふくよかだったり、アートワークが映えるジャケットのサイズ感だったり、レコードのよさを挙げればキリがありません。同時にデジタル機器で聴く手軽さも手放せません。これからもレコードで聴きたい音楽と、デジタルで手軽に聴きたい音源とを分けていくことになりそうです。

　同じように、これからのメディアはデジタルとアナログ両方のいいとこ取りで進んでいくのではないでしょうか。

　私は紙媒体の力もまだ信じています。デジタルは、ピンポイントでほしい情報を受け取るには最適です。一方で、アナログメディアには一覧性の高さがあります。いまはもう紙の国語辞典を引く人がどのくらいいるのかはわかりませんが、ある単語を調べたときについほかの項目を読んでいたという経験はありませんか？　インターネットでAというライブハウスのスケジュールを検索しても、Bという店の情報を知ることはできません。仮にAとBが隣り合って立っていたとしてもです。でも一覧できる紙媒体ならどうでしょうか。Bにはこんな人が出演していたのかと視野を広げることができます。また仕事や家庭の事情で今月はライブに行けないけれど将来的に足を運びたいと考えている人に〝いつか役立つ情報〟として夢を与えてくれるかもしれません。

　デジタルメディアにも紙媒体にも一長一短があります。最近はAIも急速に進化していて、今後メディアを取り巻く環境がどうなっていくかはわかりません。でも書くという作業がなくなることはないと思っています。デジタルメディアならスピード感をもって、アナログメディアなら読み手個人が選択する時間に寄り添うようにそれぞれの特色に合わせて書き分けながら、やはりその人の知見のうえに立った刺さる文章を書き続けることに尽きるでしょう。

SNSの外側にいる人に思いを馳せる

いまは検索すれば事足りることも多いです。私も何かにつけ検索するのが当たり前になっているし、一日一度はＳＮＳをひと巡りするのが日課になっています。

ただ、ネットさえあればそれでいいと思っているなら、それはちょっと残念。インターネット上に見当たらないものは存在しないことになってしまいます。「Amazon」にもなくて、検索にも引っかからない作品もアーティストもたくさんあります。それは過去の音楽だけでなく、これから世に出ようとしている人かもしれません。

最初にそんな当たり前のことに気づいたのは、高校生のころに聴いていたアーティストをインターネットで探したときです。一九七〇年代には確かにリリースされていたはずのアルバムがどこにも見当たりません。「Spotify」にももちろんありませんでした。山下達郎のように確固たる意志のもと、サブスクに作品を提供しない人もいますが、おそらくはそうした志とは別の理由で、聴くことができない状態にあるわけです。

出版物もそうです。名盤ベスト100をセレクトするようなガイドブックを、みなさんも一冊や二冊持っているかもしれません。一枚一枚チェックしてコレクションを増やしている人もいるはずです。私もなじみがないジャンルを聴くときは特に重宝します。水先案内人として、名盤100のようなランク付けや企画は重要だと思っています。多くの人が認める歴史的にも意義がある作品はあります。でもそれは、誰かの目を通したセレクトでありランキングです。また、別の人が選べば微妙に変化する可能性もあります。日本のＪ—ＰＯＰ名盤一位はこれからも、はっぴいえんど『風街ろまん』（一九七一年）なのでしょうか（はっぴいえんどは好きですが）。百枚に選ばれない百一枚目の作品は何でしょうか。

だから一人が一つずつベスト100（50でもいいのですが）をもつべきではないかと思っています。

以前、レストランで若い女性が向かい合っておいしそうな料理を食べている場面に出くわしたことがありました。一方の女性が「おいしいよね？」と友人に確かめるように尋ねながら料理を口に運ぶのを目にして、彼女は本心ではそこまでおいしくないと思っているんじゃないかと感じました。ガイドブックやテレビ番組で「絶品」だと言っているからおいしいにちがいない。そんな暗示をかけられてほかの人の尺度で物事を決めている人もいるような気がします。同じことは音楽にもいえます。それは本当に自分の耳と感性で選んだ一位でしょうか。

アルバムガイドとなる「ベスト○○」の企画は繰り返されます。そのランクを追っていれば、それらしい原稿は書けます。過去にはアメリカのヒットチャートの四十位以下ばかりチェックして買っていた人もいたし、一発屋と呼ばれる人ばかり追いかけている人もいれば、B面に注目している人もいました。チャートからどんなドラマを見いだすかはあなた次第です。既成事実をなぞるだけのライターにはなってほしくないものです。

さぁ、さっそくあなただけのベスト100を作ってみませんか？

待っている五百人に届く仕事を

情報過多の時代です。本当にみんなのところに情報が届いているのだろうかと不安になることがあります。

ＳＮＳの「いいね」やリツイートが必ずしも集客につながるわけではないという話もよく耳にするし、「そんなライブがあったなんて知らなかった」と言われると、あんなに告知したのにと本当に残念になります。もちろんいいライブやアーティストは不思議と口コミで広がっていくものです。それにしても、もう少しやり方があるのではないか、何らかの方法でヘルプすることはできないかと常に思案しています。

若いみなさんは直感的に気づいているかもしれませんが、マスの時代はしぼみました。これからはもっと小さな集団が文化の単位になります。

先日、私の大先輩が一九八〇年代のアメリカ音楽旅行の写真集を出版しました。シカゴ、ヒューストン、ミシシッピの小さな町……写真集といってもプロではありませんから、狙って押さえたような写真はありません。耳で聴き、本で読んできたあこがれの地で見るもの聴くものに感動しているさまが伝わってくる内容です。百部限定、「ほしい方に送料だけで差し上げます」と声をかけたところ、あっという間に在庫切れになってしまいました。申し込みはハガキでしか受け付けていなかったにもかかわらず、次から次に注文がきたそうです。これはほしい人と作る人がミスマッチなく結び付いた好例です。倉庫に当時の写真がたくさんあるが、自分が死んだあとは捨てられちゃうかもしれませんね、と言う先輩に対して私が「見てみたいです。コメントをつけて整理しませんか？」となんとなく話したのが始まりでした。それから完成まで二カ月ほど。そのスピードにも驚きました。紙や印刷にプロほどのこだわりをもたなければ、いまはその気になればリーズナブルな価格で印刷することもできます。

最近はアルバムも受注生産のケースをぼちぼち見るようになりました。締め切りを逃すと手に入れにくいのは残念ですが、これもほしい人に必ず行き渡るやり方だといえます。

ターゲティングというと途端に狙いすましているような印象になりますが、欲する人のために作品を作り、必要な情報を届けるためにライティングでお手伝いする。そんなライターの仕事があってもいいいと思うのです。

売りたいものでなく聴いてほしいものを

サブスクで配信される曲が何億曲になろうとも、そこには必ず存在しない音楽があります。インターネットで探しても聴くことはできないかもしれない、ガイドブックに載ることもないかもしれない。でも、誰かが大切にしている音楽。そうした一人ひとりが心のなかに持ち続けてきた宝箱を次の時代に手渡していこうとするプロジェクトがスタートしました。

このプロジェクトでは、一九七〇年代を中心に日本のブルース、ソウル、ジャズ、フォーク、ロックなど、ジャンルを超えてこれまで紹介されてこなかった音源をCD化していきます。同じ根っこ（ルーツ）をもつ音楽を一本の木のもとに集約するイメージから、プロジェクトは“Under One Music Tree Project”と名付けられました。

プロデューサー・A&R金野篤さんの「作って売るだけでなく音楽そのものを伝えていきたい」「聴きたいときに誰もが聴ける環境を作りたい」という姿勢に共感し、私もときどきお手伝いしています。

二〇二二年にBridgeというレーベルからリリースが始まりました。第一弾は、日本中のブルースファンを熱狂させたブレイクダウンの『ライブ・イン・ナガサキ』。第二弾はそのブレイクダウンのギタリストでもあった服田洋一郎のソロアルバム『Live 1999』（二〇二二年）です。ブレイクダウンは一九七六年から八六年まで十年間活動した、車を転がして全国をツアーしたバンドの先駆けです。服田さんは生前自己名義の作品をリリースしていないため、これが初ソロ作になりました。いずれもカセットテープなどに記録されていたライブ音源のリマスターです。この二作品は私がライナーノーツを担当しましたが、当時を懐かしく思う人だけでなく、ライブに間に合わなかったみなさんにも聴いてほしいという思いを込めました。

仲間と始めた「グッとくる音楽をつくる人と、音楽ファンとのご縁をつくる」動画プロジェクト「goen sessions」

　プロジェクトを主宰する金野さんにはインディーズ系流通会社やディスクユニオンの制作グループＤＩＷで数多くのタイトルを制作・販売した実績があります。そのなかには新作以外にオノ・ヨーコも来日した日本初のロックフェスティバル、郡山ワンステップフェスティバルの記録『1974 ONE STEP FESTIVAL』や、奇跡的に残ったマルチテープから編集された『ローリング・ココナツ・レビュー・ジャパン・コンサート1977』（二〇一八年、ＣＤ十四枚組み）、当時は非売品だった十枚組みレコードの初CD化『1972春一番』（二〇〇六年）もあります。これによって伝説は音源になって伝えられることになったわけです。

金野さんへのインタビュー「音楽のアーキビスト、金野篤が体現する「売りたいモノは自分で作る」という生き方」が、ウェブサイト「ANTENNA」（https://antenna-mag.com/post-59062/）に掲載されています。音楽の仕事に携わる人の一つの姿として、みなさんにも刺激になるはずです。

「売りたいもの」は「聴いてほしいもの」と言い換えてもいいでしょう。これからますますそれを「自分で作る」という傾向は強くなっていくように思います。一人でできることは少なくても、同じ目標に向かって走る人たちと手を携え、思いをカタチにしてください。その日のためにもプロフェッショナルなスキルを磨き、志がある音楽ライターを目指しましょう。

ベルウッド・レコードに学ぶ

一九七二年に誕生し、二〇二二年で五十周年を迎えたベルウッド・レコードは、高田渡、加川良、西岡恭蔵、六文銭、はっぴいえんど、はちみつぱいをはじめとする多くのアーティストのレコードを世に送り出し、日本の音楽史上で大きな役割を果たしたレーベルです。一九七〇年代にいったんその役目を終えますが、二〇〇一年から新しいアーティストの発掘を開始。レコード部門に加え、アーティストのマネジメントをおこなう「BELLWOOD ARTISTS」を運営してきました。

レーベルの立ち上げに携わったプロデューサーの三浦光紀さんは「クオリティが高く、時が経つほど価値が上がるレコード作り」を目指したと「週刊金曜日」（二〇二二年十月二十一日号、金曜日）のインタビューで答えていますが、その言葉どおりにベルウッドに録音された歌の数々は聴き継がれ、そしていまに歌い継がれています。五十周年記念コンサートでは高田渡の息子である高田漣さんら若い世代がサポートバンドを務め、レジェンドたちが次々に登場しました。それはノスタルジーではなく、歌が歌い継がれていく瞬間に立ち会えたという胸躍る経験でした。

さらに私が「週刊金曜日」のインタビューで心を動かされたのは、三浦さんがベルウッドの精神を受け継いで新会社を立ち上げたいと語っていたことです。NFT（Non-Fungible Token）と呼ばれる複製・偽造不可能な証明書を付与したデジタルデータを駆使して日本のサブカルチャーを世界に発信することを目指すそうです。伝説に甘んじることなく未来に歩を進める三浦さんに、私は音楽の船が行く未来を見た思いがしたものです。

次の時代に残る仕事を目指して

メディアに書いた原稿は、ウェブサイトにしろ雑誌にしろ、一定の期間が過ぎれば読まれなくなってしまいます。メディアそのものが消滅してしまうこともあり、気がついてみれば自分の仕事は何も残らないということになりがちです。

だからこそ、環境の変化に左右されず自分なりのテーマを見つけて書き続けてください。そして、あなた自身が音楽とリスナーをつなぐ信頼されるメディアになりましょう。

あなたがいま二十歳だったとして、二十年後は四十代、三十年後は五十代。そのとき何を聴き、何について書こうとしているでしょうか。

いまはまだ漠然と音楽ライターになりたいというだけで、先のことなんか考えられないと思うかもしれません。最初のころはライターとして日々の仕事をこなすのが精いっぱいで、あっという間に時間が過ぎていくでしょう。でも、心の片隅にいつかたどり着きたい場所を思い描いてほしいなと思います。

私の場合は三本柱になりました。まず一本目は、ライターになりたてのころからの「ブルースを広く伝えたい」という思いをベースに、わかりやすい文章を書き、それに付随するさまざまな仕事をしていくこと。二つ目は、国内の、特にルーツミュージックを愛するアーティスト、ライブシーンを応援すること。三つ目の柱は、日本のブルースを中心に音楽の歴史をアーカイブし、次の世代に伝えることです。これらを通じて第1章でもふれた「なぜ自分がブルースに引かれるか」を解き明かしていきたいと思っています。ブラックカルチャー、アメリカンルーツミュージックや日本のポピュラー音楽の歴史はこれからも一生勉強していくことになるでしょう。

音楽ライターもまた表現者です。薄っぺらな生き方からは、繕った言葉しか生まれてきません。人生をかけて、ときに自分を絞り出すように音楽を生み出すアーティストと真剣に向き合うには、もっと自分自身を磨いていかなければと思います。

ずっと自分の言葉で音楽を語るためにも、いまから一つひとついい年齢を重ねていってください。

おわりに

四十年近く音楽の仕事を続けてきましたが、思い返せばいつも見よう見まねでした。「こうあるべき」と誰かに言われたことはなかったものの、大切にしていることは確かにあるなと本書の執筆を通じて再認識することができました。そしてまだまだ取材したいこと、書きたいことがあると強く感じています。

ある落語家が「リレーのバトンは前の人に渡すものですが、芸事の場合は前を走っていた人間があとは頼んだよとあとの人へと渡していくんです」とおっしゃっていました。芸事ではないけれど、本書もまた次代を担う音楽ライターに手渡したいという思いで書きました。

なかには興味がもてないエピソードもあったかもしれません。でもジャンルや年齢にかかわらず、プロとして音楽について書いていく姿勢には共通するものがあると思います。

それは本質に近づくために奮闘することであり、つかんだものを言葉に変えて伝えることです。ライブでよく顔を合わせるお客さんのバンドやステージに関する鋭いひと言に唸ることがあります。みんな、特定のアーティストだけでなく、気になるライブがあればお小遣いをやりくりしてあちこち足を運ぶ人たちです。彼／彼女たちは「ブルースとはこういうもの」「ロックとはこういうもの」といった理屈にとらわれることなく本質を見抜くのです。それに対していまの自分は知識に埋もれてカッコつけていないか、十四、五歳のときのあのまっさらな感動を忘れちゃいないだろうか、私はあらためて自分に問いかけました。

ぜひみなさんも、いくつになっても〝老害〟なんて卑屈にならず、新鮮な気持ちで音楽に接し、高い志でもって音楽を言葉に変えていってください。

三十年後、五十年後、音楽業界を取り巻く状況は驚くほど変化しているかもしれません。でもどんな形であれ音楽は聴かれ続け、そして音楽について書く人、語る人もいなくならないと信じています。みなさんはその大切な一人です。願わくばルーツミュージックと呼ばれるような先人たちの音楽もたくさん聴いて、たくさん書いて、広い視点から音楽を紹介していってほしいなと思います。もちろんもう少し私もがんばります。どこかで見かけたらどうぞ声をかけてください。

お願いばかりになってしまいましたが、このたび音楽ライターについて振り返り伝える機会をくださった青弓社の半澤泉さんに感謝いたします。

何より、いままで出合ってきた音楽や一緒に感動を分かち合ってきたみなさんがいなければ、私のいまもありませんでした。

かけがえのない時間をありがとう！

［著者略歴］
妹尾みえ（せのお みえ）
1961年、千葉県生まれ
日本で唯一の女性ブルースライター。小学生のころフォークソングやロックに目覚め、中学2年生のときにブルースに出合い、以後まっしぐら。ブラックミュージックを中心に専門誌で執筆を続けると同時に、日本のルーツミュージックとライブシーンにも愛情を注ぎ続けている。共著に『ハーモニカの本』（春秋社）、『ロックがカヴァーしたブルース・スタンダード100曲』（ブルース・インターアクションズ）、『ブルース・ハーモニカよくばりガイド――ブルース＆ソウル・レコーズ・プレゼンツ』（P ヴァイン・ブックス）、編集として携わった書籍に『ジロキチ・オン・マイ・マインド――ライブハウス高円寺 JIROKICHI の40年』（P ヴァイン）、『来日ブルースマン全記録――1971-2002』（ブルース・インターアクションズ）など

音楽《おんがく》ライターになろう！

発行――2023年5月26日　第1刷
定価――1800円＋税
著者――妹尾みえ
発行者――矢野未知生
発行所――株式会社青弓社
〒162-0801 東京都新宿区山吹町337
電話 03-3268-0381（代）
http://www.seikyusha.co.jp
印刷所――三松堂
製本所――三松堂
©Mie Senoh, 2023
ISBN978-4-7872-7455-7　C0073

宮入恭平

ライブカルチャーの教科書

音楽から読み解く現代社会

日本の音楽シーンを牽引するライブ文化。「メディア」「産業」「法律」「教育」などの視点から、フェスやレジャー、アニソン、部活、アイドルなどの具体的なトピックスを解説する。　定価2000円＋税

相澤真一／髙橋かおり／坂本光太／輪湖里奈

音楽で生きる方法

高校生からの音大受験、留学、仕事と将来

音楽関係者へのインタビューをもとに、音大のリサーチ方法から受験準備、卒業後のキャリア選択など、音楽を続けるなかで向き合う現実や音楽と楽しく歩むためのコツを共有する。　定価2000円＋税

野添ちかこ

旅行ライターになろう！

取材で全国各地を飛び回っては原稿を書く日々を送るエキサイティングな仕事の実際を解説する。街や風景、人々の魅力を伝えることを一生の仕事にしたい人のための入門書。　定価1600円＋税

浅野陽子

フードライターになろう！

シェフや料理研究家に取材し、「おいしい」という言葉を使わずに食の魅力を伝えるフードライター。デビューまでの道筋や文章術など、志望者に必要な情報をまとめた職業ガイド。　定価1800円＋税